# Der Weg zur Mitte

Dr. Detlev Geiger

# Der Weg zur Mitte

## Mit Mental-Management
## entspannt und ausgeglichen

- Innere Ruhe finden
- Mehr Selbstbewußtsein
  – mehr Lebensfreude
- Positivation gegen Alltagsprobleme
- Mit ausführlichem Übungsteil

MIDENA

**Der Autor:** Dr. Detlev Geiger, Diplomchemiker und Wissenschafts-journalist, lebt in Aschaffenburg und arbeitet als Manager in der Gesundheitskommunikation. Er beschäftigt sich seit über 15 Jahren mit Verhaltenspsychologie, Psychotherapie und positivem Denken, wobei er seine eigene Vorstellung von aktivem Mental-Management entwickelt hat.

**Hinweis:** Die Übungen wurden nach bestem Wissen zusammenge-stellt, die Inhalte sind sorgfältig recherchiert und erarbeitet. Den-noch kann aus rechtlichen Gründen weder vom Autor noch vom Verlag eine Haftung oder Gewähr übernommen werden. Selbstver-ständlich kann bei bestimmten Ausgangslagen die Hilfe von Ärzten, Psychologen oder Psychotherapeuten erforderlich werden. Beson-ders bei psychischen Erkrankungen sollte vor Beginn der Übungen deren Rat eingeholt werden.

Die Deutsche Bibliothek – CIP-Einheitsaufnahme

**Geiger, Detlev:**
Der Weg zur Mitte : mit Mental-Management entspannt und aus-geglichen ; innere Ruhe finden ; mehr Selbstbewußtsein – mehr Lebensfreude; Positivation gegen Alltagsprobleme ; mit ausführli-chem Übungsteil / Detlev Geiger.
– Augsburg : Midena, 1998
    ISBN 3-310-00258-6

Midena Verlag, Augsburg
© 1998 Weltbild Verlag GmbH, Augsburg
Alle Rechte vorbehalten

Redaktion: Franz Leipold
Zeichnungen: Andreas Schaad, Fürth
Umschlaggestaltung: Steinkaemper/Lohmann, Igling
Umschlagfotos: R. Minsart/Zefa-Sharpshooters
Satz: satz-studio gmbh, Bäumenheim
Druck und Bindung: Offizin Andersen Nexö Leipzig – ein Betrieb der INTERDRUCK Graphischer Großbetrieb GmbH

Printed in Germany

ISBN 3-310-00258-6

# Inhalt

# Vorwort

Liebe Leserin!
Lieber Leser!

Sie haben sich für Ihren Weg zur Mitte entschieden und dieses Buch erstanden. Es ist der erste Schritt auf einem neuen und zugleich vielversprechenden Weg. Ihre Hände sollen nicht länger gebunden sein! Sie haben beschlossen, die Fesseln der Fremdsteuerung zu sprengen. Sie wollen die gezielte und konsequente Selbstbestimmung.

Eine tiefe Einsicht in Ihr eigenes bislang unbewußtes Ich soll Ihnen helfen. Dazu vollziehen Sie im ersten Teil des Buches einige Erkenntnisse zur Psyche des Menschen und seinen Außenbeziehungen nach. Sie greifen bestimmte Stichworte auf und beschäftigen sich mit Hindernissen auf dem Weg zur Mitte. Zugleich wissen Sie von der Bedeutung der bejahenden Grundhaltung. Sie lernen, gezielt die Kraft Ihres Unterbewußtseins durch mentales Management zu nutzen. Bilder und Zitate werden Ihnen zu vertieftem Verständnis helfen und als Anregung dienen.

Im zweiten, praktischen Teil erarbeiten Sie sich Wege zur Entspannung. Auf der Grundlage der geistig-seelischen Lockerung entwickeln Sie Ihren Zugang zu gezieltem Mental-Management. Es ist an Ihnen, diese Hilfe zu nutzen. Von Tag zu Tag kann es Ihnen besser gehen. Ihre wirklich wichtigen Ziele werden mehr Gewicht erhalten. In Zukunft bestimmen Sie selbst, wie Sie sich fühlen und welche Gedanken Sie bewegen. Wäre es nicht schön, wenn Sie ruhiger, gelassener und heiterer werden könnten? Wäre es nicht schön, wenn Sie die Hindernisse auf Ihrem Weg beiseite räumen könnten? Nach einiger Zeit und mit Geduld werden Sie es auch erreichen! »Ich kann dem Leben nicht mehr Tage geben, aber dem Tag mehr Leben«, sagt ein unbekannter Philosoph, und Sie sollen danach leben.

Viele Zusammenhänge werden sich Ihnen nicht sofort erschließen. Oft braucht es einen zweiten Anlauf, um über den Berg der Erkenntnis zu gelangen. Zudem bedarf es auch der Wiederholung, um einen Gedanken wirklich nachvollziehen und umsetzen zu können. Immer wieder wird Sie auch der Alltag vom konzentrierten Erarbeiten abhalten. Lassen Sie sich nicht entmutigen und vom Weg zur Mitte abbringen. Denn der Aufwand lohnt sich! Der Aufstieg auf einen Berg wird belohnt durch die wunderbare Aussicht. Der Frühaufsteher wird belohnt durch den faszinierenden Sonnenaufgang. Sie werden für Ihre Zeit und Ihre Geduld durch Erkenntnisse und ein reicheres Leben belohnt. Sie sind jetzt auf dem Weg zur Mitte! Viel Erfolg!

Aschaffenburg, im Herbst 1997
Dr. Detlev Geiger

# TEIL 1

# Eindenken – Mitdenken – Nachvollziehen

## *Stichwort: Bedürfnisse*

Wollen Sie sich, Ihr Verhalten und Ihre Gefühle, besser verstehen, haben Sie sich zunächst einmal mit Ihren Bedürfnissen auseinanderzusetzen. Was brauchen Sie? Welche Motive leiten Sie? Welche Konsequenzen können Sie ziehen? Nichts verändert sich in Ihnen und mit Ihnen, wenn Sie nicht ein großes Bedürfnis leitet. Nur wenn Sie aus tiefstem Herzen oder aus tiefster Seele etwas wollen, wenn Sie etwas wirklich drängt, dann setzen Sie auch alles daran, es zu bekommen. Wenn Sie die letzten Zeilen noch einmal aufmerksam lesen, dann werden Sie feststellen, mit welcher Selbstverständlichkeit Sie mit den Kräften in sich umgehen. Sie wissen oder spüren, daß es etwas in Ihnen gibt, das Sie in irgendeiner Form unbewußt lenkt und leitet.

Beschäftigen Sie sich also zunächst mit Ihren Bedürfnissen und versuchen Sie Klarheit zu gewinnen über das, was Sie bewegt. Auf dem Weg zu tieferer Erkenntnis werden Sie unweigerlich auf Abraham Maslow stoßen. Der Name des amerikanischen Psychologen ist untrennbar mit der Betrachtung der »Bedürfnisse« verbunden. Er hat es verstanden, fernöstliche Lehren zu nutzen und sie mit unserem westlichen Wertesystem zu verbinden. Als Ziel des Lebens und Strebens hat Maslow die Selbstverwirklichung erkannt. Um dieses Ziel zu erreichen, muß der Mensch bestimmte Bedürfnisse befriedigen. Ausgehend von den lebenserhaltenden Grundbedürfnissen fand er eine Reihe von weiteren Bedürfnissen, die

> Werden Sie sich über Ihre Bedürfnisse klar.

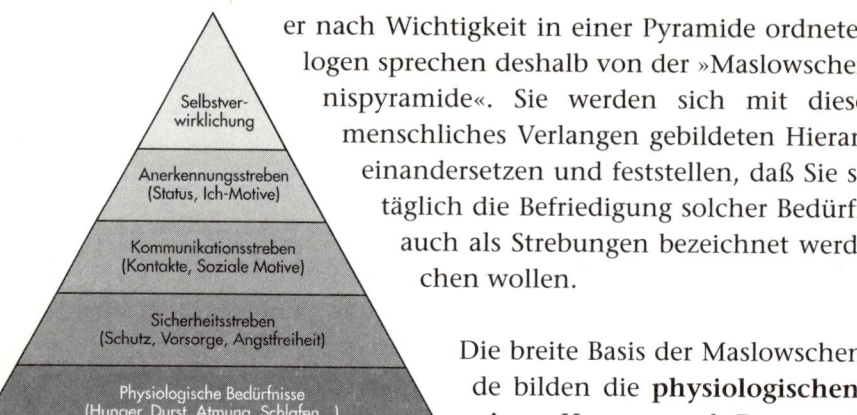

Selbstver-
wirklichung

Anerkennungsstreben
(Status, Ich-Motive)

Kommunikationsstreben
(Kontakte, Soziale Motive)

Sicherheitsstreben
(Schutz, Vorsorge, Angstfreiheit)

Physiologische Bedürfnisse
(Hunger, Durst, Atmung, Schlafen...)

*Maslowsche
Bedürfnispyramide*

er nach Wichtigkeit in einer Pyramide ordnete. Psychologen sprechen deshalb von der »Maslowschen Bedürfnispyramide«. Sie werden sich mit dieser durch menschliches Verlangen gebildeten Hierarchie auseinandersetzen und feststellen, daß Sie selbst tagtäglich die Befriedigung solcher Bedürfnisse, die auch als Strebungen bezeichnet werden, erreichen wollen.

Die breite Basis der Maslowschen Pyramide bilden die **physiologischen Bedürfnisse.** Hunger und Durst müssen befriedigt werden. Zugleich braucht der Mensch irgendwann »seinen« Schlaf. Entzug dieser Grundversorgung führt unweigerlich zu Krankheit und schlußendlich zum Tod.

Sind die Grundstrebungen befriedigt, wendet sich ein Mensch der Befriedigung seines nächsten Bedürfnisses zu. Es ist sein **Sicherheitsbedürfnis.** Drängt sich da nicht der Vergleich mit einem urzeitlichen Höhlenmenschen auf? Dieser einfache und schlichte Vorfahre von uns lebt seine auf das Wesentliche reduzierten Bedürfnisse ebenso eindeutig wie offensichtlich aus. Er hat schlichte Reaktionsweisen und ursprüngliche Denkprozesse. Er denkt einfach, nimmt alles sehr direkt und ist dabei erstaunlich gefühlsbetont. Er lebt also aus dem Bauch heraus!

Dabei kann der Höhlenmensch nicht zwischen Realität und Vorstellung unterscheiden. Alles, was mit starken Gefühlen verbunden ist, wird von ihm als real erlebt und fordert eine Reaktion heraus.

**Beachten Sie**

Sie werden sich immer wieder in diesem Vorbild erkennen. Deshalb soll Sie jener Höhlenmensch auch fortan begleiten und Ihnen bei der Verdeutlichung vieler Zusammenhänge helfen.

Betrachten Sie einmal Ihre Bedürfnisse aus Sicht Ihres Höhlenmenschen. Selbstverständlich befriedigt er zunächst seine Grundbedürfnisse. Er hat Hunger und Durst. Deshalb versorgt er sich mit Nahrung. Es scheint also ein sehr drängendes Verlangen zu sein, das den Menschen als Grundstrebung gegeben ist.

Hat der Höhlenmensch Hunger und Durst gestillt und danach ausgeschlafen, beginnt er zunächst eine Höhle zu bauen. Er kümmert sich um seine Sicherheit. Für die Bedürfnispyramide bedeutet es, daß die zweitwichtigste Strebung die nach Sicherheit ist. Jeder Mensch versucht je nach individuellem Bedarf, seinem Sicherheitsbedürfnis nachzukommen.

Weiter oben in der Pyramide der Bedürfnisse findet sich die Strebung nach **Kommunikation**. Die Suche nach Austausch und nach Kontakten führt die Menschen immer wieder zueinander. Ziehen Sie das bereits bewährte Beispiel des Höhlenmenschen heran. Sie erleben vor Ihrem geistigen Auge, wie unser Vorfahr seine Höhle verläßt, um diesem sozialen Bedürfnis nachzukommen. Er sucht nach Gesellschaft und beginnt sich auszutauschen. Jeder braucht die Befriedigung dieses Bedürfnisses. Mangel an Kommunikation kann zu Isolation führen. Vereinsamung läßt vor allem ältere Menschen sogar krank werden. Bereits bestehende Krankheiten verschlimmern sich durch Kontaktarmut. Umgekehrt führt bei vielen Kranken die Verbesserung der Sozialkontakte auch zur Besserung des Allgemeinzustandes.

*Der Höhlen-mensch in uns*

**Was kann die Freude machen,
die Einsamkeit verhehlt?
Das gibt ein doppelt Lachen,
was Freunden wird erzählt;
der kann sein Leid vergessen,
der es von Herzen sagt;
der muß sich selbst auffressen,
der in geheim sich nagt.**

*Simon Dach*

Ist das Bedürfnis nach Kommunikation befriedigt, strebt der Mensch nach **Anerkennung**. Er sucht den Vergleich und trachtet nach Bestätigung. Das äußere Bild einer Pyramide soll bereits anzeigen, daß es immer schwieriger wird, die Bedürfnisse zu befriedigen. Kommunizieren fällt noch leicht. Für die Befriedigung der Ich-Bedürfnisse muß ungleich mehr getan werden. Wenden Sie sich wieder dem Beispiel des Höhlenmenschen zu. Er hat den sicheren Hort der Höhle verlassen und ist trotz seines Sicherheitsdenkens bereit, mit Mammuts zu kämpfen. Es geht dabei um mehr als um das Stillen des Hungers, er will vielmehr auch bewundert und geachtet werden. War er es sich nicht irgendwie schuldig? Wie steinig sind heute noch die Wege zur Akzeptanz und wie sehr schmerzt oder kränkt die mangelnde Anerkennung in Beruf, Familie oder Sportgemeinschaft. Die Befriedigung des Anerkennungsstrebens durch Achtung und Wertschätzung gestaltet sich auch deshalb so schwierig, weil die Maßstäbe von jedem Menschen anders, also individuell festgelegt werden.

> **Befriedigt ist das Tier und der Weise,**
> **den Menschen, die gleich mir und gleich den meisten,**
> **ward das Bedürfnis als ein Reiz und Stachel**
> **von ew'gen Mächten in die Brust gelegt.**
>
> *Franz Grillparzer*

In der obersten und zugleich schwierigsten Stufe der Pyramide sucht der Mensch nach **Selbstverwirklichung**. Diese Strebung verlangt vom einzelnen Menschen sehr viel und bleibt vielen verwehrt. Denn nur die Befriedigung aller materiellen und geistigen Bedürfnisse kann zu Glück und Freude durch Selbstverwirklichung führen. Diese kann aber erst dann entstehen, wenn die Sicherheit gewährleistet ist, wenn soziale Anerkennung, Wertschätzung und Achtung gegeben sind. Ist dies der Fall, können innere und äußere Unabhängigkeit entstehen. Freude und Glück machen sich breit.

Maslow beschreibt, daß das Erreichen dieses bedeutendsten Verlangens mit Vorbedingungen verbunden ist. Zu ihnen

*Anerkennung in Beruf, Familie und Freundeskreis ist eine wichtige Stufe der Maslowschen Pyramide.*

gehören das **Akzeptieren der eigenen Persönlichkeit.** Die Menschen müssen sich selbst annehmen – so wie sie sind. Ehrlich haben sie ihre Stärken und Schwächen zu erkennen. Zugleich müssen sie sich klarwerden über ihre Gefühle. Die Außen- und die Innenwelt gehören zur aktuellen Wirklichkeit. Maslow fordert auch im Umgang mit den Gefühlen Ehrlichkeit zu sich selbst. Jeder Mensch sollte lernen, seine Gefühle zu akzeptieren und zu leben. Erst in diesem Annehmen des Ichs findet sich Spielraum für die aktive Gestaltung des Lebens.

Grenzen bei der Selbstverwirklichung sind dann nur durch die berechtigten Bedürfnisse von Mitmenschen gegeben.

*Lernen Sie, Ihre Gefühle zu akzeptieren.*

> **Es ist leichter, für andere weise zu sein,**
> **als für sich selbst.**
>
> *Francois La Rochefoucauld*

Maslow erkennt noch eine zweite Bedingung für die Selbstverwirklichung. Der Mensch muß sich seiner **eigenen Individualität** bewußt werden. Er hat zu begreifen, daß er autonom ist. Zwar fordern uns viele Zwänge der Umwelt und der Gesellschaft, dennoch müssen diese relativiert werden. Eine natürliche Distanz oder besser noch Distanziertheit zu diesen von außen herangetragenen Forderungen ist zu leben. Der Mensch braucht Freiräume. Sich im Alltagsleben die Zeit zur Beschäftigung mit sich selbst zu nehmen, verlangt von dem sich selbstverwirklichenden Individuum ein hohes Maß an Eigendisziplin und Zivilcourage. Sie werden deshalb später Strategien zur Verwirklichung dieser Voraussetzungen kennen lernen und selbst entwickeln.

Maslow beschreibt noch eine dritte Bedingung. Der sich selbstverwirklichende Mensch muß sich **vom Detail lösen** und lernen, in umfassenden Strukturen zu denken. Er darf sich nicht in Einzelheiten der von außen vorgegebenen Strukturen und Normen verlieren, sondern muß die »große Linie« im Auge behalten. Er beschäftigt sich mit den Dingen, die wirklich für ihn wichtig sind.

**Mensch werde wesentlich!**

*Johann Gottlieb Fichte*

Maslow hat als letzte Bedingung für das Erreichen von Selbstverwirklichung ein **ausgewogenes Beziehungsverhältnis**, also einen sinnvollen Wechsel von Alleinsein und Geselligkeit, erkannt. Phasen der Ruhe müssen in ausreichendem Maß gelebt werden. Dazu braucht es die aktive Entspannung ebenso wie die Sammlung innerer Kräfte. Sie werden diese »Konzentration auf sich selbst« noch in späteren Passagen wiedererkennen.

Abraham Maslow schreibt wörtlich: »Das sich selbstverwirklichende Individuum ist per definitionem in seinen Grundbedürfnissen befriedigt, viel weniger abhängig, viel weniger verpflichtet, weit mehr autonom und selbstgeleitet. Solche Menschen werden weit selbstgenügsamer, ruhen viel mehr in sich. Die sie beherrschenden Determinanten sind primär innere, weder soziale noch umweltbedingte.«

Sie werden auf dem Weg zur Selbstverwirklichung noch einiges zu verstehen und zu verarbeiten haben. Wesentlich für diese ersten Überlegungen ist die Erkenntnis, daß die Bedürfnisse immer wieder zu befriedigen sind. Besonders um die oberste Stufe aller Bedürfnisse ist immer wieder zu kämpfen. Die Erkenntnis und das Eigenbild ändern sich stetig und damit auch die Anforderungen an die Selbstverwirklichung. Sehr eng sind diese Anforderungen mit Ihrer steten Weiterentwicklung verknüpft. Damit bekommt das Streben nach Selbstverwirklichung eine von Ihnen selbst bestimmte Dynamik. Sie erkennen die Verantwortung, die Sie für sich selbst haben.

Was ich einmal für recht erkenne,
möcht ich auch gleich getan sehn.
Das Leben ist so kurz,
und das Gute wirkt so langsam.

*Johann Wolfgang von Goethe*

Für Sie wird es einsichtig, daß die Bedürfnisse das Leben lenken. Sie erkennen, daß nur die Befriedigung der individuellen Bedürfnisse – ganz gleich unter welchen Bedingungen auch – die Chance zu letztendlicher Selbstverwirklichung eröffnet. Es können sich innere Unabhängigkeit und Harmonie entwickeln. Maslow spricht auch von psychologischer Freiheit. Sie erkennen jetzt deutlich, daß der Weg und das Ziel wenig mit Vernunft und Logik zu tun haben. Vielmehr geht es um innere Werte. Unser wirkliches Ziel orientiert sich an Bildern, Vorstellungen und Fühlbarem. Ganz offensichtlich scheint dies losgelöst von einer verstandesmäßigen Lenkung. Auf Ihrem Weg zur Mitte haben Sie sich deshalb mit der Psyche des Menschen und mit »Emotionalem« zu beschäftigen.

**Übung 1**

Schreiben Sie ganz ehrlich und nur für sich auf, was Ihnen wirklich wichtig ist. Berücksichtigen Sie dabei Ihr Sicherheits-, Sozial- und Anerkennungsbedürfnis. Diese Bilanz sollten Sie für später aufbewahren.

**Übung 2**

Setzen Sie sich mit den Voraussetzungen für Ihre Selbstverwirklichung auseinander. Was bedeuten für Sie Akzeptieren der eigenen Persönlichkeit, Distanz leben, von Details lösen und ein ausgewogenes Beziehungsverhältnis?

## Stichwort: Eisberg

Boris Becker spielte Tennis. Nach einem hart erkämpften Sieg wurde er nach den Gründen für den Erfolg befragt. Seine Erklärung: »Ich konnte mich heute besonders gut auf das Spiel einstellen. Ich habe gewußt und gefühlt, daß ich gegen ihn gewinnen kann.«

Szenenwechsel – Einige Jahrhunderte früher ist Jesus Christus unterwegs im Heiligen Land und vollbringt Wunder. Die

Bibel berichtet von unerklärlichen Heilungen. Jesus wird von einem Geheilten nach den Auslösern gefragt. Seine Erklärung: »Dein Glaube hat dir geholfen.«

Was haben beide Szenen gemeinsam? Man sagt so leicht »Der Glaube versetzt Berge«, ohne sich dieses Bildes wirklich bewußt zu werden. Dabei eröffnen solche Sinnsprüche tiefe Wahrheiten. Denn durch das Glauben wird Unglaubliches wahr. Glaube hat indessen nichts mit Vernunft zu tun. Glaube, mentale Stärke und Vorstellung bedeuten, von innen heraus zu leben. Nicht die Vernunft lenkt, sondern etwas aus dem Inneren bestimmt das Handeln. Gedanken sind Kräfte. Sie lassen uns siegen oder verlieren. Die Kraft der Gedanken setzt ungeheure und für den einzelnen oft nicht für möglich gehaltene Energien frei. Denken ist also ein Energieprozeß. Denken kann negative oder positive Energieimpulse freisetzen. Es ist an jedem einzelnen, positive oder negative Energien anzusammeln. Sie sollten beschließen, so oft wie möglich positive Energien sammeln zu wollen. Denn positive Gedanken sind positive Kräfte.

*Die Kraft der Gedanken setzt enorme Energien frei.*

*Sammeln Sie positive Energien.*

Wollen Sie sich auf den Weg zu Ihrer Mitte begeben, müssen Sie akzeptieren, daß es eine Unterteilung in Rationales und Emotionales gibt. Sie werden zu lernen haben, daß es nicht der Verstand allein ist, der Sie lenkt und prägt. Es gibt starke Kräfte, die aus Ihnen heraus, aus dem Nicht-Bewußten oder Unterbewußten wirken. Ganz offensichtlich liegt es an dem richtigen und ausgewogenen Umgang mit der rationalen und der emotionalen Komponente des Seins, der Sie das Leben besser meistern läßt. Sie sind auf dem Weg zur letztendlichen Selbstverwirklichung, wenn es Ihnen gelingt, die rationalen und emotionalen Bedürfnisse gleichermaßen zu befriedigen.

Deshalb sollen Sie sich mit der Binnenstruktur des Menschen beschäftigen. Tatsache ist, daß der Mensch nur rund fünf Prozent seiner Gehirnkapazität nutzt. Selbst durch geschickte Lehrmethoden sind nur wenige zusätzliche Kapazitäten zu aktivieren. Auch die Genies nutzen ihre Möglichkeiten ähnlich schlecht. Unser Verstand hat also seine Grenzen – nicht nur von den Möglichkeiten her. »Verstand endet da, wo Gefühl beginnt«, so sagt der Volksmund, und recht hat er. Unser Verstand hat Hervorragendes geschaffen. Wir vermögen Erfahrungen und Gelerntes miteinander zu verbinden. Technische und wissenschaftliche Strategien führen zu phantastischen Ergebnissen. Ohne die Neugierde und ohne die Sehnsucht aber wäre der Mensch nie auf den Mond geflogen.

> **Wenn Du mit anderen ein Schiff bauen willst,**
> **so beginne nicht, mit ihnen Holz zu sammeln,**
> **sondern wecke in ihnen die Sehnsucht nach**
> **dem großen weiten Meer.**
>
> *Antoine de Saint-Exupery*

Einen wichtigen Zugang zum Verständnis der menschlichen Psyche verdanken wir dem Wiener Arzt und Psychiater Sigmund Freud. Er ist bekannt geworden durch die Entwicklung der Psychoanalyse. Als Ausgangspunkt hat Freud sich mit der psychischen Struktur des Menschen auseinandergesetzt. Dabei erkannte er drei Teile, die er als Ich (Ego), Über-Ich (Super-ego) und Es (id) bezeichnete. Freud verbindet mit dem Über-Ich die Ebene des Sozio-Kulturellen und die Einbindung des Menschen in die Gesellschaft. Das Ich repräsentiert die Realität und die Ebene des Verstandes. Das Es steht für die Ebene des Unterbewußtseins und äußert sich nach Freud durch die Triebe.

Das Über-Ich bildet sich erst im Laufe unseres Lebens heraus. In der Kindheit, so fand Freud heraus, verinnerlichen wir Gebote und Verbote. Unsere Eltern geben uns die ersten Normen vor. Später entwickeln sich diese Normen zu unserem Gewissen. Wenn die Eltern als Normengeber wegfallen, übernehmen andere Autoritäten diese Aufgabe. Erzieher, Lehrer und Vorgesetzte prägen unsere Vorstellung von Wert oder

*Aus den Normen, die uns Eltern, Lehrer, Vorgesetzte usw. vorgeben, entwickelt sich unser Gewissen.*

Unwert, von Richtig oder Falsch. Die Gesetze, Gebote und Verbote haben nach Freud ihre Auswirkungen in den Gefühlsbereich und in das Unterbewußtsein. Kann ein Wunsch nicht befriedigt werden, weil die gesellschaftliche Norm es nicht zuläßt, wird ein solcher Wunsch ins Unbewußte verdrängt und dort gespeichert.

**Überich**

**Ich**     **Es**

*Freudsche Struktur*

Das Ich steht nach Freud für die Verstandesebene. Alle Reize von außen treffen zunächst auf den Verstand. Er entscheidet, ob er sie annimmt oder zurückweist. Die Einlagerung findet im Gedächtnis statt. Von dort können die Impulse wieder abgerufen werden. Unsere Handlungen können gesteuert werden. Erfahrungen können miteinander verknüpft werden. Auf diese Weise ist es möglich, wissenschaftliche Erkenntnisse voranzutreiben, Probleme zu lösen und Pläne zu entwickeln.

Dem Verstand wird gerade in der heutigen Zeit die größte Bedeutung eingeräumt. Viele Menschen sind stolz darauf, reine Verstandesmenschen zu sein. Sie sind der irrigen Ansicht, mit dem Verstand die Psyche kontrollieren zu können. Diese Menschen unterschätzen die Bedeutung des Unterbewußtseins. Es ist das Unterbewußtsein, das während des Schlafes wacht. Es schläft nie. Es regelt lebenswichtige Prozesse des Körpers **ohne** den Umweg über den Verstand. Das Unterbewußtsein speichert Gefühle zusammen mit Bildern. Dabei vergißt es nie und bringt diese Bilder zusammen mit den Gefühlen immer wieder hervor.

Gerade die sogenannten Verstandesmenschen erleben ihr Unterbewußtsein oft schmerzlich. Angenommen, ein solcher auf seine Ratio stolzer Mensch geht durch eine dunkle Unterführung. Plötzlich hört er Schritte hinter sich. Sofort werden Bilder deutlich von finsteren Gestalten und schrecklichen Ereignissen. Der Verstand bleibt ruhig, aber das flaue Gefühl in der Magengegend und der steigende Puls sind da. Vielleicht folgt der versichernde Blick zurück.

Freud war es, der die Erkenntnis vertiefte, daß es in der menschlichen Psyche einen Bereich gibt, der unbewußt bleibt und der verstandesmäßigen Steuerungen entzogen ist. Um die Verteilung von Verstand (Ratio) und Gefühl (Emotio) deutlich zu machen, soll ein charakteristisches Bild herangezogen werden. Denken Sie an einen Eisberg.

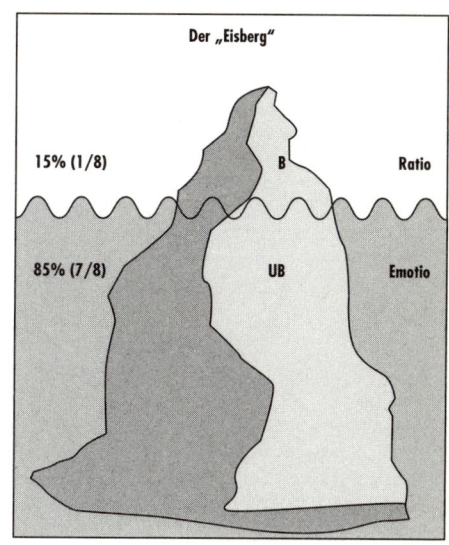

Wir wissen über die Struktur des Eisberges, daß etwa ein Achtel sichtbar ist und aus der Wasseroberfläche herausragt. Der weitaus größere Teil von sieben Achteln befindet sich unter Wasser und bleibt unsichtbar. Genauso verhält es sich mit der Verteilung von Verstand oder Ratio und Gefühl oder Emotio.

*Verstand (Ratio) und Gefühl (Emotio) sind einem Eisberg vergleichbar.*

Die Gefühle dominieren unser Handeln – ob es uns recht ist oder nicht. Der Verstand und die verstandesmäßige Lenkung sind nur zu rund 15 Prozent entscheidend. Ganz gleich wie rational sich ein Mensch gibt, er wird von seinen Gefühlen beherrscht. Haben Sie es nicht selbst schon erlebt, daß Sie vor Freude »verrückt« waren oder vor Angst keinen klaren Gedanken fassen konnten? Wer die Dominanz der Emotio auf Dauer negiert, wird durch einschneidende Erlebnisse eines Besseren belehrt. Krankheit und sogar dauerhafte Schädigungen sind die Folge. Es werden oft rationale Gründe für solche Erkrankungen gesucht. In Wirklichkeit aber sind es fehlgeleitete Gefühle und Vorstellungen. In der Medizin spricht man heute auch von der »psychosomatischen« Betrachtung, was bedeutet, daß zwischen psychischen Vorgängen und körperlichen (somatischen) Erscheinungen ein Zusammenhang hergestellt wird.

Unser Handeln wird weitgehend von Gefühlen bestimmt – und nicht vom Verstand.

Ein zweites Bild soll Ihnen helfen, die psychische Struktur von uns Menschen zu erkennen. Wir kommen dazu wieder auf das Bild des Höhlenmenschen zurück. Er ist die Versinnbildli-

*Der Höhlen-
mensch ist immer
bei uns.*

chung für das Unterbewußtsein. Sie stellen sich also vor, daß jeder Mensch in seiner normalen Größe als Sinnbild für den Verstand steht und seinen Höhlenmenschen unsichtbar hinter sich hat. Er sitzt zu jeder Zeit mit auf dem Stuhl oder geht hinter uns. Von der Größe her überragt er den entsprechenden (Verstandes-)Menschen um das Siebenfache.

Seine schlichten Eigenschaften sind typisch für ein solches Relikt aus der Frühzeit des Menschen. Er lebt nur seine Triebe aus und ist ein reiner »Bauchmensch«. Er denkt nicht nach, sondern reagiert spontan gefühlsbezogen. Dabei läßt er sich nicht durch den Verstand beherrschen. Wut und Verlangen lebt er unkontrolliert aus. Er ist nachtragend und vergißt nichts. Alle seine Lebenserfahrungen speichert er in Bildern und ordnet sie nach Wichtigkeit. Das Sortierprinzip ist, unabhängig von irgendwelchen verstandesmäßigen Ordnungen, nur durch die Stärke seiner Gefühle bestimmt. Hat er bei einer bestimmten Situation starke Gefühle, prägt er sich dieses Bild besonders ein. Kommt eine vergleichbare Situation zustande und erinnert er sich an das Bild von damals, reproduziert er seine Gefühle. Er wird wütend, ängstlich oder was auch immer. Die Gefühle sind siebenmal stärker als der Verstand.

Wenn Sie also Bilder mit Gefühlen gekoppelt in Ihr Unterbewußtsein einlagern, muß auch dort ein Schlüssel zu Nutzungsmöglichkeiten liegen. Folgen Sie diesen Überlegungen konsequent, wird Ihr Lebensweg durch eine Summe von eingelagerten Bildern begleitet. Sie können das auch als Erfahrung bezeichnen. Je nachdem, ob Sie Bilder mit positiven oder negativen Gefühlen gespeichert haben, sind Ihre Erfahrungen geprägt. Das aber eröffnet Ihnen zugleich eine ungeheure

Chance. Denn Sie müssen es nur schaffen, möglichst viele positive Bilder bzw. Vorstellungen zu speichern, dann resultiert daraus eine positive Grundhaltung. Mehr noch, durch gezielte positive Vorstellungen sollte es Ihnen gelingen, Ihr Leben positiv zu beeinflussen.

**Unser Leben ist das Produkt unserer Gedanken.**

*Marc Aurel*

Sie sollten sich nur immer wieder einen ersehnten Zustand vor Augen führen. Wenn es Ihnen dann gelingt, die Zielvorstellung mit starken Gefühlen zu verbinden, wird die Chance wachsen, daß die Vorstellung Wirklichkeit wird. Bedenken Sie daß die Vorstellungen die Triebfedern menschlicher Existenz sind. Auf dem Weg zur Mitte werden Sie sich mit der Macht der Gefühle und der Gedanken noch stärker auseinandersetzen müssen. Denn mit den Gedanken verfügen Sie über ungeheure Kräfte. Sie vermögen ungeahnte Veränderungen zu bewirken.

**Übung 1**

Sie verdeutlichen sich die Freudschen Überlegungen noch einmal in aller Ruhe und Klarheit. Machen Sie sich bewußt, daß auch bei Ihnen Verstand und Gefühl entsprechend verteilt sind. Beschäftigen Sie sich mit Ihrer psychischen Binnenstruktur.

**Übung 2**

Freude bedeutet die Befriedigung von Bedürfnissen. Sammeln Sie auf einem Blatt all die Situationen, die bei Ihnen Freude oder Glück auszulösen vermögen.

### Stichwort: Gedanken bestimmen unser Leben

Wir Menschen legen mit unseren Gedanken unsere Stimmungen fest. Sie kennen sicher auch die Situation, daß Sie morgens griesgrämig aus dem Bett steigen. Sie sind, nach aktuellem Sprachgebrauch, »schlecht drauf«. Selbstverständlich ist die Dusche verstopft, der Kaffee zu heiß und der Bus fährt Ihnen vor der Nase weg. Es ist halt ein schrecklicher Tag, und aus diesem Tag kann auch nichts mehr werden. Falsch! Aus diesem Tag wäre durchaus noch etwas zu machen! Sie haben sich nur in Gedanken negativ gepolt und der Tag wird durch diese Ihnen unbewußte Einstellung dann auch entsprechend verlaufen. Wie anders kann ein entsprechender Morgen von einem frisch Verliebten erlebt werden. Er steht gerne auf, da er bald seine Angebetete sehen wird. Die defekte Dusche stört ihn nicht in seinem Wolkenkuckucksheim. Der Kaffee ist ein Gedicht. Und auf dem Weg zur Bushaltestelle bemerkt er die blühenden Sträucher und atmet tief die herrliche Frühlingsluft ein. Es ist ein schöner Tag, der da beginnt!

Ihre Einstellung am Morgen ist die Überschrift über den Tag. Selbstverständlich können Sie nicht immer und zu jeder Zeit frisch verliebt sein. Aber Sie können daraus lernen, positiv in den Tag gehen. Lächeln Sie sich am Morgen im Spiegel an! Es ist die charmanteste Art, sich die Zähne zu zeigen. Diese geistige oder besser gefühlsmäßige Steuerung sollte den ganzen Tag anhalten. Es gibt keine verlorenen Tage mehr. Joseph Murphy, der Urvater des »Positiven Denkens«, sagt es so: »Sie erleben, was Sie denken«. Er hat die Lehre des »Positiven Denkens« entscheidend geprägt, weil er erkannt hat, daß wir Menschen von unseren Gedanken abhängen. Eine echte und tiefe Sehnsucht, gesund und lebensfroh zu sein, wird vom Unterbewußtsein als Befehl erkannt. Sie können sich gesund oder erfolgreich denken. Ein Erfolg entsteht zuerst im Kopf!

*Denken Sie sich gesund und erfolgreich.*

**Sie erleben, was Sie denken!**

*Joseph Murphy*

Gedanken sind Kräfte. Der Gedanke oder die Vorstellung ist der Vater des Handelns. Entscheidend ist also, die eigene Energie zu bündeln oder zu fokussieren. Erinnern Sie sich an den physikalischen Lehrsatz: Aktio = Reaktio. Wenn Sie immer wieder die gleichen positiven Gedanken sammeln, kann eine Veränderung erzielt werden. Jeden Tag stellt sich die Frage, ob Sie Ihre Energien verschwenden oder nutzbringend einsetzen. Dann kann es auch nicht sinnvoll sein, sich über Unveränderliches zu ärgern oder über menschliches Verhalten aufzuregen. Es ist sinnloser Energieverlust. Welch eine verschwendete Energie, wenn Sie sich darüber ärgern, daß es regnet! Welch vergeudeter Aufwand an Energie, wenn Sie sich über einen rücksichtslosen Autofahrer aufregen!

*Bündeln Sie die Kraft Ihrer Gedanken, um positive Veränderungen herbeizuführen.*

Sie kennen bestimmt auch die Situation, in der man sich offensichtlich immer stärker in negative Gedanken vertieft. Ein Teufelskreis entsteht. Er kostet viel Kraft, die besser positiv zu nutzen ist. Sind nicht viele sogenannte »Probleme« nur fehlgeleitete Gedanken und damit vertane Energien? Wir Menschen verstehen es einfach nur nicht, uns aus dem Negativen zu lösen und über eine andere Einstellung, über eine optimistische Grundhaltung, zu überraschenden Lösungen zu kommen. Das Schicksal wird oft bemüht. Dabei bedeutet ein Sich-dem-Schicksal-ergeben nur Passivität. Man hat die Führung aus der Hand gegeben. Erkennen Sie, daß Sie immer die Möglichkeiten haben, Ihre Energien aktiv und positiv einzusetzen. Sie dürfen Ihr Wissen um den Einfluß der Vorstellung weiterentwickeln. Die Chancen dazu hat jeder Mensch. Die Chance haben auch Sie!

**Nicht die Dinge selbst beunruhigen die Menschen, sondern die Vorstellungen von den Dingen.**

*Epiktet*

Allen östlichen Religionen und Lehren gemeinsam ist die Betrachtung des Menschen als ganzheitliches Wesen. Körper und Seele sind nicht getrennt voneinander. Es gibt einen direkten Zusammenhang zwischen Befindlichkeit des Körpers

*Yin und Yang*

und Wohlbefinden der Seele. Über Tausende von Jahren wurden diese Erkenntnisse nicht nur gelehrt, sondern auch ganz praktisch in der ganzheitlichen Medizin genutzt. In der 3000 Jahre alten traditionellen chinesischen Medizin zum Beispiel beschäftigt sich der Arzt mit dem Ist-Zustand des ganzen Menschen. Er prüft, wie weit Yin und Yang aus dem Lot geraten sind.

Dabei ist Yin die weiblich-passive und Yang die männlich-aktive Kraft. Für den chinesischen Arzt ist besonders wichtig, was der Patient selbst über sein Befinden aussagt. Als wesentliche Faktoren für die Befunderhebung und die spätere Therapie gelten für die chinesischen Ärzte zudem Ernährung, Bewegung, Klima, Arbeitsbedingungen und Partnerbeziehungen. Der Mensch wird also in seiner Befindlichkeit und seiner Umwelt betrachtet.

Traditionelle chinesische Medizin und Ayurveda betrachten den Menschen als Einheit von Körper, Geist und Seele.

Seit über 5000 Jahren existiert die alte indische Gesundheitslehre Ayurveda. Grundlage dieser Lehre ist ebenfalls die Erkenntnis von der Einheit zwischen Körper, Seele und Geist. Ayurveda bedeutet in Sanskrit das Wissen vom Leben, denn **Ayur** heißt Leben und **Veda** steht für Wissen. Auch in der ayurvedischen Medizin wird der Mensch als ganzheitliches Wesen erkannt und in der Behandlung werden neben den körperlichen auch die geistigen Bereiche erfaßt. Die spektakulären Erfolge, zum Beispiel der Ayurveda-Abteilung des Amala Hospital Cancer Centers in Kirala in Südindien, haben auch in der westlichen Welt zum Aufhorchen und Umdenken geführt.

Besonders bei der Krankheit Krebs mußte die westliche Schulmedizin lernen, die Bedeutung der Körper-Seele-Beziehung bei der Behandlung stärker als bislang anzuerkennen. Es bleibt noch einiges zu erreichen, bis die psychosomatische Betrachtung in unserer Medizin einen adäquaten Niederschlag finden wird. Ermutigende erste Schritte sind jedoch schon getan worden.

Auch der griechische Arzt und Urvater der Medizin, Hippo-
krates, hat um 400 vor Christus die Zusammenhänge und das
Wechselspiel zwischen Körper und Seele in das Zentrum seiner Überlegungen gerückt. Heute hat die ganzheitliche Medizin in der sogenannten psychosomatischen Behandlung diese
Gedanken wieder aufgegriffen.

Die »Schulmedizin« hat lange Zeit dieses Einbeziehen der
Seele negiert. In einer nüchternen Betrachtungsweise hat der
Mensch als Einheit von Körper und Seele wenig Platz. Dabei
sollte die moderne Medizin z. B. von den Erfahrungen fernöst-
licher Heilkünste lernen. Gesundheit und Krankheit hängen
in höchstem Maße von einer ausgewogenen Beziehung zwischen Körper und Seele ab. Das Unterbewußtsein spielt eine
große Rolle. Krankmachende Vorstellungen können Wirklichkeit werden.

**Ein Glückspilz ist, wer irgendein physisches
Gebrechen hat, das er für die schwachen Stellen
seiner Seele verantwortlich machen kann.**
*Henry de Montherlant*

Gesundheit hat somit etwas mit gesunden Vorstellungen zu
tun. Ganz gezielt kann die Kraft der Vorstellung und der
Gedanken eingesetzt werden. »Macht Euch die Erde untertan«
bedeutet, daß Sie Ihre Welt von morgen gestalten können. Es
ist an Ihnen, den positiven Weg zu gehen. Sie haben allerdings auch die Freiheit, zu einem negativ orientierten, stets
mit dem vermeintlich unabänderlichen Schicksal hadernden
Menschen zu mutieren.

Wir Menschen sind üblicherweise nicht dazu erzogen, den
positiven Gedanken den Vorrang zu geben. Die Welt der Kinder ist geprägt von Negativem. Sie haben nicht gelernt, primär
das Positive zu sehen. Zunächst haben Sie Verbote und Gebote gelehrt bekommen. Vorgehalten wurde den Kindern stets,
was »man« nicht macht. Sie haben gelernt, daß das Glas halb
leer ist und nicht, daß es auch als halb voll erlebt werden
kann.

Nutzen Sie die
Kraft der Gedan-
ken, um Ihre
Gesundheit zu
verbessern.

*Das Glas ist
halb voll.*

Wenn Sie es schaffen, in Harmonie mit sich und der Umwelt zu leben, freuen Sie sich auf jeden neuen Tag. Er bietet Ihnen mehr Chancen, als Sie nutzen können. Sie habe die Möglichkeit, immer wieder positive Energien zu sammeln. Probleme schrumpfen, weil Ihre Grundeinstellung und Ihre Stimmung diesen vermeintlich negativen Situationen das Gewicht und die Kraft nehmen. Ihre Strategie muß es sein, nur noch positive Gedanken zuzulassen.

»Unser Alltag ist aber«, so werden Sie einwenden, »geprägt von Negativem.« Sie haben recht. Schlagen Sie die Zeitungen auf, werden Sie bereits am frühen Morgen mit Schreckensnachrichten oder Katastrophenbildern überhäuft. Der arme Höhlenmensch muß viele Negativbilder sammeln. Kommt dann ein negatives Alltagserlebnis hinzu, ist eine Negativpolung vorprogrammiert. Der Höhlenmensch lebt dann das Negative aus. Es kommt zu einer siebenfachen Verstärkung dieser Negativpolung. Der betroffene Mensch hat plötzlich das Gefühl, daß er der Situation nicht mehr gewachsen ist. Ein Teufelskreis beginnt und nicht selten endet eine solche Situation mit seelischer und/oder körperlicher Erkrankung. Der Höhlenmensch ist mit dem Einlagern von Negativbildern überlastet, er streikt.

In einer solchen Situation kann es nur einen Ausweg geben. Die negativen Vorstellungen oder Gedanken müssen durch starke positive Bilder ausgeglichen werden. Zugegeben, es ist nicht einfach, aber es funktioniert. Wie in eine Waagschale bringen Sie immer mehr positive Gedanken ein, bis das Positive überwiegt. Der Teufelskreis wird durchbrochen. Die positiven Bilder vertreiben die negativen und daraus resultiert eine Veränderung zum Positiven. Vorstellungen bereiten den Weg zu Glück und zu Harmonie!

**Gedanken, die unser Gefühl beherrschen, lenken und leiten uns, lassen uns siegen oder untergehen. Positive Gedanken sind die wahren Ursachen Ihres Erfolges.**

*Oscar Schellbach*

| | **Übung 1** |
|---|---|

Ich achte mehr auf meine Worte und prüfe, ob ich es nicht anders und damit positiv formulieren kann.

| | **Übung 2** |
|---|---|

Ich lasse mich durch Negativgerede nicht mehr beeinflussen und deshalb meide ich die Dauerpessimisten.

## Stichwort: Nutze den Tag

»Carpe diem« oder »Pflücke den Tag«. Der alte römische Spruch ist jedem bekannt. Aber wie wenig leben wir alle nach dieser grundlegend hilfreichen Aufforderung. Ein Tag bietet Ihnen mehr Chancen, als Sie nutzen können. Die begrenzte Zeit, die wir in einem Menschenleben zur Verfügung haben, ist viel zu wertvoll, um vertan zu werden. Sich im Negativen zu üben ist überflüssig.

> **Wir haben nicht zu wenig Zeit, aber wir verschwenden zuviel davon.**
> *Lucius Annaeus Seneca*

Eine positive Grundeinstellung eröffnet einen viel besseren Blickwinkel und hilft, der Vorstellung von Glück und Zufriedenheit näher zu kommen. Sie müssen dazu die Kräfte des Unterbewußtseins mobilisieren. Wenn Sie sich am Vorabend schon mit guten Erwartungen und positiven Bildern auf den nächsten Tag einstellen, wird Ihr Unterbewußtsein über Nacht Ihre Grundeinstellung programmieren. Allen negativen Einflüssen und Ereignissen zum Trotz haben Sie den festen Willen, immer mehr positive Gedanken auszulösen. Sie werden es schaffen, sich immer wieder positiv einzustellen. Sie müssen es nur immer wieder wollen. Mit einer heiteren Gelassenheit gehen Sie in den Tag. Diese morgendliche Einstellung wird zu Überschrift über den Tag.

*Ihre morgendliche Einstellung ist die Überschrift über den Tag.*

Nichts ist höher zu schätzen als der Wert eines Tages. Jeder Tag ist einzigartig. Sie haben zu lernen, keinen Tag mehr zu vergeuden. Wie aber können Sie dies umsetzen? Zugegeben, es ist nicht leicht. Nehmen Sie als Beispiel einen verregneten Herbstsamstag. Leider gibt es viel zuviele Menschen, die am Morgen schon mürrisch und negativ gepolt in den Tag gehen. Fast selbstverständlich geht auch einiges schief. Das Fazit wird lauten: »Den Tag konntest Du vergessen!« Das muß nicht sein. Ein solcher Regentag kann auch als Chance erlebt werden, Liegengelassenes aufzuarbeiten. Zugleich kann sich die Möglichkeit eröffnen, ein wertvolles Gespräch zu führen oder ein anregendes Buch zu lesen. Vielleicht kann ein Tag zu Hause auch ein notwendiges Innehalten vom Streß des Alltags ermöglichen. Es ist an Ihnen, die Chancen und Möglichkeiten zu nutzen. Sie müssen nur wollen.

Sie nehmen sich fest vor, daß von nun an jeder Tag ein positiver Tag sein soll. Allen Widrigkeiten zum Trotz wollen Sie es immer wieder versuchen, das Beste aus dem Tag zu machen. Sie beginnen gleich morgen mit Ihrem Vorhaben. Wenn Sie morgens in den Spiegel schauen, wissen Sie es ganz genau. Deshalb sagen Sie: »**Dies ist wieder ein schöner Tag. Ich freue mich, daß ich lebe!**«

Beginnen Sie den neuen Tag offen, heiter und aktiv.

Sie lächeln sich im Spiegel an. Heiter, offen und aktiv gehen Sie in den Tag. Sie freuen sich auf alle Ereignisse des Tages und nehmen sich vor, die Chancen und Möglichkeiten zu erkennen. Denken Sie an den schlichten Höhlenmenschen in sich. Wenn Sie ihn nur ausreichend lange anlächeln und gute Laune zeigen, wird auch seine Stimmung positiv werden. Das bedeutet, Ihr Unterbewußtsein nimmt die positive Einstimmung auf. Sie können auch Ihren Alltag positivieren.

**Ich schlief und träumte, das Leben wäre Freude.**
**Ich erwachte und sah, das Leben war Pflicht.**
**Ich handelte und siehe, die Pflicht war Freude.**
*Rabindranath Tagore*

Selbstverständlich wissen Sie, daß es auch Schwierigkeiten geben kann. Herausforderungen werden zu meistern sein, und aktives Lernen ist angesagt. Ihnen ist aber klar, daß Sie durch Ihre Einstellung den Verlauf von Aufgaben und Begegnungen selbst bestimmen. Ihr Auftrag ist es, sich weiterzuentwickeln und Ihr Leben aktiv zu gestalten. Schwierigkeiten sind dazu da, Sie zu fordern, zu formen und voranzubringen. Sie erweitern Ihren Horizont und Ihre Erkenntnisse. Damit machen Sie sich tätig auf den Weg zur Selbstverwirklichung und zum Glück. An Ihnen ist es, wie Sie mit Ihren Aufgaben und Begegnungen umgehen. Alles, was Sie gerne machen und mit Freude beginnen, wird Ihnen leichter fallen. Sie verstehen die Menschen so zu nehmen, wie sie sind und nicht wie Sie oder andere glauben, daß sie sein sollten. Enttäuschungen entstehen immer nur aus falschen Erwartungen. Mit einer realistischen und dennoch positiven Grundhaltung können keine falschen Erwartungen entstehen.

Eine realistische, positive Grundhaltung hilft, Enttäuschungen zu vermeiden bzw. leichter zu verarbeiten.

**Enttäuschungen entstehen aus falschen Erwartungen.**
*Psychologenerkenntnis*

Sind trotzdem einmal Enttäuschungen entstanden, werden sie durch eine positive Grundhaltung viel leichter ertragbar und schließlich sogar wandelbar. Es braucht Kraft, alle Geschehnisse und Abläufe mit Gleichmut hinzunehmen. Es ist nicht leicht, jeden Tag und zu jeder Zeit die positive Grundhaltung durchzuhalten. Wir Menschen haben durch

Lassen Sie sich nicht in den Teufelskreis des ewig Ablehnenden ziehen.

unsere Erziehung und Prägung ohnehin den Hang zum Negativen. Vielen gelingt es leichter, zu klagen oder sich zu beschweren als sich zu freuen und zufrieden zu sein. So droht immer der Teufelskreis des Negativismus. Nur zu leicht kann man in den Strudel des ewig Ablehnenden hineingeraten. Selbstverständlich gehört das Leid zu unser aller Leben. Sie kennen die »Achterbahn« des Lebens. Es geht auf und ab. Aber in jedem Ab ist wieder die Hoffnung auf das Auf. Ein Geheimnis für Ausgeglichenheit kann auch darin liegen, nicht alle Widerstände des Lebens sofort als Bedrohung oder gar Gefahr zu erleben, sondern abzuwarten. Manche Schwierigkeiten regeln sich von selbst oder entpuppen sich bei näherem Hinsehen als weitaus weniger gravierend. Kennen Sie nicht auch die Situation, nachts wach zu liegen und dann ins Grübeln zu geraten. Die sogenannten »Probleme« türmen sich und scheinen unlösbar. Doch am Tag und »bei Licht« besehen, werden sie als durchaus lösbar erkannt. Immer wieder suchen wir Menschen auch nach Gründen, warum etwas passierte und warum Leid sein mußte. Viel zu oft erschließt sich kein Sinn für eine Entwicklung. Es ist dann einfach besser, die Situation anzunehmen und mit dem Leid zu leben. Zumal auch die Hoffnung auf die Veränderung und auf die Verbesserung existiert. Denn Hoffnung und Geduld gehören mit zu einer positiven Grundhaltung.

**Hoffnung ist der feste Stab**
**und Geduld ein Reisekleid,**
**da man mit durch Welt und Grab**
**wandert in die Ewigkeit.**

*Friedrich von Logau*

Mehr Freude und Erfüllung bringt die Hinwendung zum grundsätzlich Positiven. Veränderungen nach innen und nach außen werden deutlich. Ihre Erscheinung und ihre Ausstrahlung wird positiv. Alles wird sich verändern. Auch Sie werden es spüren. Ihre Haut wird glatter, ihr Innenleben harmonischer und ihr Gang dynamischer. Offen werden Sie ihren Mitmenschen begegnen und Sie entdecken immer mehr die schönen Seiten des Alltags. Sie bemerken die blühenden Blumen, die zwitschernden Vögel oder die herrlichen Wolkenbilder. Selbst im Alltagstrott entwickeln Sie eine bejahende Grundhaltung, die durch keinen Menschen und kein Ereignis erschüttert werden kann. Sie werden sich auch im Verlauf des Tages immer wieder sagen, daß dies ein schöner Tag ist und daß Sie sich freuen, zu leben. Schwierigkeiten sind dazu da, gelöst zu werden. Mit einem festen Willen, die Kraft der positiven Gedanken zu nutzen, sind Sie auf dem Weg zur Mitte. Ihr Ziel ist der Weg. Denn Sie haben beschlossen, den Tag in rechter Weise zu nutzen. Von nun an nutzen Sie jeden Tag! Von nun an ist jeder Tag ein wichtiger Tag!

**Das Glück im Leben hängt von guten Gedanken ab, die man hat.**

*Marc Aurel*

---

**Übung 1**

Jeden Morgen werden Sie vor den Spiegel treten und sich zwanzig Sekunden lang anlächeln. Dann stellen Sie laut fest: »Heute ist ein schöner Tag. Ich freue mich, daß ich lebe. Jawoll!« Zur Bekräftigung können Sie beim »jawoll« mit den Fäusten auf die Brust schlagen.

Als Alternative können Sie auch laut feststellen: »Fröhlich soll mein Tag beginnen!«

---

**Übung 2**

Damit die guten Vorsätze nicht verloren gehen, schreiben Sie in Ihren Kalender in unregelmäßigen Abständen Ihre Losung hinein: »Heute...«

---

**Übung 3**

Wenn Sie schwierige Situationen erleben, suchen Sie einen Spiegel und sagen Sie sich möglichst laut Ihr Motto: »Heute...«.

### Stichwort: Hindernis

Sie sind auf dem Weg zu mehr Erkenntnis von sich und Ihren Vorstellungen. Erst, wenn es Ihnen gelingt, sich in möglichst vielen Situationen des Alltags wirklich zurechtzufinden, können Sie sich weiterentwickeln. Deshalb wollen Sie sich so oft wie möglich bewußt machen, wann Sie wie und vor allem warum Sie so und nicht anders reagierten. Aus dem Verstehen und Nachfühlen heraus können Sie Ansätze zu gezielten Veränderungen ableiten. Hindernisse stehen Ihnen dabei im Weg und fordern Sie. Sie sind aufgerufen, aktiv zu lernen und sich tätig mit sich und Ihren Gedanken auseinanderzusetzen.

**Wer aufhört, besser zu werden, hat aufgehört, gut zu sein.**

*Volksweisheit*

Ein großes Hindernis auf dem Weg zu einem harmonischen und souveränen Leben ist die **Angst**. Sie kommt häufiger vor, als man zunächst annehmen sollte. In Art und Ursache ist sie vielfach nur schwer zu erkennen. Eines aber ist klar: Angst blockiert! Ein ängstlicher Mensch ist nicht in der Lage zu denken, zu handeln und zu fühlen. Das Wort »Angst« hat seinen Ursprung im lateinischen Begriff »angustus«, der wörtlich übersetzt »eng« bedeutet. Die Enge kann sich in sehr unterschiedlicher Form ausprägen und wird Sie noch zu beschäftigen haben. Zunächst muß festgehalten werden, daß jeder Mensch Angst erlebt. Sie hat nach der Theorie moderner Psychologen ihren Ursprung im frühen, unbewußten Erlebnis der Geburts- oder Trennungsangst des Säuglings. Im späteren Leben tritt die Angst in Form von Angst vor Verlust, Bedrohung, Tod und Versagen auch vor Personen auf. Stets ist dabei die Angst eine Reaktion auf eine unbestimmte Bedrohung.

*Angst kann unser Fühlen, Denken und Handeln vollständig blockieren.*

**Hat unsere Seele nur einmal Entsetzen genug in sich getrunken, so wird das Auge in jedem Winkel Gespenster sehen.**

*Friedrich von Schiller*

Angst ist zunächst einmal abzugrenzen gegen Furcht. Letztere bedeutet immer eine bestimmte Bedrohung. Ein konkretes Bedrohungspotential wird erkannt. In der täglichen Anwendung werden beide Begriffe oft durcheinandergeworfen. Man muß sie ganz scharf voneinander trennen. Angst wird definiert als unlustbetonter, mit Beklemmung, Bedrückung, Erregung und oft auch mit quälender Verzweiflung einhergehender Gefühlszustand. Angst bedeutet immer eine unbestimmte Bedrohung. Eine Bedrohung also, die nur in der Vorstellung existiert. Allerdings kann diese Bedrohung als völlig real erlebt werden.

Da die Bedrohung nur in unserer Vorstellung stattfindet, entzieht sie sich der verstandesmäßigen Führung. Über den Verstand kann somit Angst nicht verhindert werden. In vielen Fällen ist die mit Angst verbundene Lebensbeeinträchtigung dem Menschen nicht einmal voll bewußt. Sie kann mit unterschiedlich ausgeprägten körperlichen Symptomen wie erhöhter Pulsfrequenz, Schweißausbruch oder Atemnot einhergehen. Psychische Anzeichen sind Erregung oder Aufregung, Denkhemmungen, unkontrollierte Handlungen bis hin zu Verwirrtheitszuständen. Jeder Mensch hat solche Angstsymptome schon einmal erlebt. Nicht selten sind die körperlichen Zeichen verbunden mit einer Minderung oder sogar Aufhebung der willens- und verstandesmäßigen Kontrolle des Menschen über sich selbst. Dabei laufen Angstsituationen bei jedem Menschen selbstverständlich anders ab. Die Zeichen und die Ausprägung variieren.

*Die Angst ist eine wesentliche Blockade für uns Menschen.*

**Angst kann man in sich immer finden.
Man muß nur tief genug suchen.**

*André Malraux*

Unbekanntes macht ebenfalls Angst. Ein betroffener Mensch sucht nach Vergleichsbildern oder Analogien. Er findet keine solchen Bilder. Als Ergebnis empfindet er eine Bedrohung. Ein

Auf Unbekanntes
reagiert das
Unterbewußtsein
zunächst mit
Vorsicht.

konkretes Beispiel finden Sie in den neuen Technologien. Computer oder Internet sind vielen Menschen fremd. Vielleicht wurden neue Wege der Kommunikation in einem Büro mit Verbundanlage und E-mail installiert. Der Betroffene reagiert in aller Regel erst einmal mißtrauisch, und eine subtile Art von Angst breitet sich als unbestimmte Beeinträchtigung aus. Das Unterbewußtsein signalisiert, Vorsicht walten zu lassen. Meist reagiert der entsprechende Mensch darauf mit Ausflüchten oder vielleicht sogar mit Aggression. Die Angst vor Unbekanntem kommt sehr häufig vor, wird allerdings selten erkannt. Es werden vielmehr scheinbar logische Erklärungen gesucht, um die Verhaltensmuster zu erklären, mit denen angstauslösende Situationen gemieden werden.

Der Höhlenmensch muß wieder als Modell herhalten. Wenn er mit Neuem und Unbekanntem konfrontiert wird, reagiert er. Je nachdem, wie sich für ihn die Situation darstellt, wird er aggressiv angreifen, fliehen oder sich unterwerfen. Seine primitiven Reaktionen sind direkt mit seiner Grundstruktur verknüpft. Erkennen auch Sie sich wieder? Sie erinnern sich an Lebenssituationen, in denen Sie vor Neuem standen und geflohen sind, wenngleich die Flucht vielleicht nicht real war. Möglicherweise sind Sie nur innerlich geflohen. Denken Sie an solche Ereignisse und Sie werden sich verstehen. Sie werden es nachfühlen können.

Eine andere und sehr weit verbreitete Form von Angst ist die Existenzangst. Weil wir Menschen eher pessimistisch eingestellt sind, stellen wir uns unsere Zukunft gerne in düsteren Farben vor.

*Flucht vor dem*
*Unbekannten*

**Wer das Unheil voraussieht, leidet zweimal.**

*Proteus*

Reaktionen, die der Betroffene nicht als Umgehungstaktik erkennt, greifen Platz. Die nicht realisierte Existenzangst beginnt den »Auftritt« im Berufsleben zu verändern. Der

Betroffene wird plötzlich weniger Entscheidungen treffen. Klare Aussagen werden durch verklausulierte Redewendungen ersetzt und »Fensterreden« schildern Erfolge. Aus einem optimistischen, offenen und kritikfähigen Menschen wird ein aalglatter, stets eloquenter und dabei zaudernder Gehetzter.

Szenenwechsel: Mit mehr oder minder viel Wissen ausgerüstet, strebt ein Mensch in Richtung Prüfung. Je näher er dem Ort der Handlung kommt, um so seltsamer wird ihm. Sein Puls ist erhöht, Schweiß bricht aus und er kann nicht mehr klar denken. Der Mensch ist wie gelähmt und blockiert. Sie können sich sicherlich in die Situation hineindenken und vor allem hineinfühlen. Das Hauptproblem besteht darin, daß sich der Prüfling im Vorfeld des eigentlichen Termins viel zu oft die vermeintlich schwierige Prüfung oder gar das Durchfallen vorstellt. Er malt sich bildhaft plastisch diese scheinbar unüberwindliche Schwierigkeit aus. In Gedanken beschäftigt er sich mehr mit dem Versagen und mit den Aktionen, mit denen er das Scheitern bewältigen möchte. Es wird ein »Film« angelegt, der jederzeit abrufbar ist mit allen Reaktionen, auch den körperlichen.

Prüfung kann die Führerscheinprüfung bedeuten. Prüfung kann auch das Kritikgespräch mit dem Vorgesetzten bedeuten. Immer wieder geraten Sie in »Prüfungssituationen«. Der Höhlenmensch in uns hat alle Hände voll zu tun, um immer wieder die vermeintliche Bedrohung entsprechend auszuleben. Der Höhlenmensch treibt den Puls hoch und den Schweiß aus den Poren.

*Immer wieder geraten wir in eine Prüfungssituation.*

Unsere Leistungsgesellschaft stellt bereits die Kinder unter einen Erfolgszwang. Werden nicht schon im Kindergarten unangemessene Anforderungen gestellt und je nach Ergebnis Lob und Tadel ausgesprochen? Welch ein Erfolg, wenn ein dreijähriges Kind schon lesen kann. Nein! Dieser Erfolgszwang produziert nur Versagensängste. Die Mauern falscher Vorbilder müssen eingerissen werden. Eltern und Großeltern sind gefordert, die individuellen Fähigkeiten gezielt zu fördern und zu loben, wo immer es geht. Nur so werden keine Zwänge aufgebaut und nicht bereits in der Kindheit Versagensängste gezüchtet.

**Erfolgszwang produziert nur Versagensängste.**

Zudem gibt es so viele unnütze Gebote und Verbote. Aus Angst vor Konsequenzen, vor direkter oder indirekter Bestrafung, zum Beispiel durch Liebesentzug, werden bereits die Kinder zu angstgesteuerten und angepaßten Wesen erzogen. Das von Maslow beschriebene Bedürfnis nach Anerkennung wird von vielen Eltern schamlos ausgenutzt. Später arbeiten Lehrer, Vorgesetzte und die »Gesellschaft« mit der gleichen Angst vor Nichtanerkennung. Sie haben jetzt die Zusammenhänge erkannt und können entsprechend reagieren – als Erziehender, als Vorgesetzter oder als Prüfling.

> **Gerade das aber ist ein Beweis dafür, daß wir auf dem Weg der Besserung sind, wenn wir unsere Fehler, von denen wir bisher nichts wußten, klar erkennen. Manche Kranke beglückwünscht man, wenn sie anfangen, sich krank zu fühlen.**
>
> *Lucius Annaeus Seneca*

Was können Sie tun, wenn Sie Angst entwickeln? Wichtig ist, daß Sie zunächst einmal Angst auch erkennen. Sie ist untrennbar mit dem Unterbewußtsein verbunden. Also müssen Sie herausfinden, welche Situationen oder Vorstellungen die Angst bedingen. Ist es Angst vor Verlust, Versagensangst, Angst um die Existenz, Angst vor dem Tod oder Angst vor Personen? Intervention ist nur möglich, wenn Angstauslöser ausfindig gemacht werden. Ist dies geschehen, ist es besonders

**Finden Sie heraus, welche Faktoren bei Ihnen Angst auslösen.**

wichtig, sich der Situation zu stellen. Wir Menschen investieren viel Energie, um Strategien zur Vermeidung und zur Rechtfertigung vor uns selbst zu entwickeln. Sie helfen nicht! Die Angst muß ausgelebt werden. Sie wird durch Umgehung der Situation nicht beseitigt, sondern verstärkt. Statt dessen muß der Geängstigte lernen, mit seiner Angst umzugehen. Sie »geht einem nicht aus dem Kopf«. Der amerikanische Psychologe David Schwartz, ein bekannter Angstforscher, definiert Angst als fehlgeleitete und negative Vorstellungen. Wenn wir dem folgen, wird uns auch die Interventionsstrategie deutlich: Aktion gegen Angst! Sie sollen also lernen, die Ursachen der Angst zu ergründen. Dann stellen Sie sich der Situation. Ihre Reaktionen und Ihr Verhalten können Sie in Ihrer Vorstellung vorher trainieren. Sie üben damit vor Ihrem geistigen Auge, die angstauslösende Situation zu beherrschen und zu bewältigen. Zum Beispiel bei der berüchtigten Prüfungssituation stellen Sie sich immer wieder vor, wie Sie diese Prüfung erfolgreich bestehen. Ganz deutlich spüren Sie auch das befreiende Glücksgefühl, es geschafft zu haben.

**Ich habe keine Angst vor dem Morgen; denn ich habe das Gestern begriffen, und liebe das Heute.**
*William Allen White*

*Stellen Sie sich veränderten Situationen und verarbeiten Sie sie.*

Sie ersetzen die negativen Bilder in Ihrer Vorstellung immer wieder durch positive Vorstellungen. Sie stärken Ihr Unterbewußtsein. Am Vergleichsmodell des Höhlenmenschen bedeutet es, daß Sie Ihren Höhlenmenschen stärken. Er setzt nicht zur Flucht an oder wird nicht aggressiv. Er stellt sich der Situation, zeigt die Muskeln und verarbeitet.

Es gelingen Ihnen immer häufiger Überlegungen, wie Sie erfolgreich die angstmachende Lage bewältigen können. Stärken Sie Ihr Selbstvertrauen und üben sie zum Beispiel immer wieder zunächst in der Vorstellung den Umgang mit Autoritäten. Dann setzen Sie sich immer öfter solchen Situationen aus und Sie werden erkennen, daß die Bewältigung immer besser funktioniert.

Auf dem Weg zur Mitte, können Ängste kein Hemmnis oder Hindernis mehr sein. Sie wissen jetzt um das Erkennen und um die Möglichkeiten der Angstintervention. Als weitere Hilfe lernen Sie später Übungen aus dem Mental-Management kennen. Auf dem Weg zur Mitte können Sie sich bewußt mit allen Ängsten auseinandersetzen. Sie lassen sich nicht abhalten vom rechten Weg. Sie bleiben auf dem Weg zur Mitte!

**Übung 1**

**Angstcheck:** Hier sind einige typische Angstsituationen. Vielleicht trifft die eine oder andere auf Sie zu und Sie haben einen ersten Ansatzpunkt zum Eingreifen. Der Gruppenleiter, der nach einer Beförderung Höhenangst entwickelt. Die Hausfrau, die seit der Geburt ihres ersten Kindes immer wieder besonders in Kaufhausaufzügen oder Straßenbahnen Platzangst bekommt. Die Sekretärin, die immer wieder anfängt zu zittern, sobald sie sich überlastet fühlt. Der Angestellte, der Schweißausbrüche bekommt, wenn er zum Chef gerufen wird. Die Sachbearbeiterin, die Kopfschmerzen und Atembeschwerden entwickelt, seit die neuen Computer angeschafft wurden usw.

**Übung 2**

Sie haben beschlossen, immer ehrlich zu sich zu sein. Wenn also Unbehagen, besondere Besorgnis, Pessimismus und Gereiztheit bei einer bestimmten Situation sich immer wieder einstellen, gilt es nach Angstgegebenheiten zu suchen. Setzen Sie sich mit der Situation auseinander. Analysieren Sie und beginnen Sie, Aktionen und Aktivitäten gegen die Angst zu entwickeln. Wiederholen Sie starke Bilder, wie Sie die Situation bewältigen, immer wieder und wieder in Ihrer Vorstellung.

Eine für viele Menschen als real empfundene Bedrohung ist die Angst vor dem Tod. Sie kann erkannt werden als eine Angst vor Unbekanntem. Es handelt sich um eine Erwartungsangst, die sich auf in der Zukunft eintretende Situationen bezieht. Bei dieser sogenannten antizipatorischen Angst wird in der Vorstellung nach Vergleichsbildern gesucht, und es werden keine gefunden. Aktion gegen die Angst vor dem Tod ist die Beschäftigung damit. Entwickeln Sie Vorstellungen, daß es ein ruhiges und friedliches Ende sein wird. Wenn es Ihre Auffassung ist, dann verstärken Sie bildhaft und plastisch die Vorstellungen, wie es nach dem Ableben weitergeht. Ganz gleich, ob diese Bilder religiös geprägt sind oder aus sonstigem Verständnis des Lebensende gespeist werden. Wichtig ist die aktive und positive Auseinandersetzung mit der entsprechenden Angst. Wenn Sie Hilfe brauchen, weil fast panikartige Situationen auftreten, lassen Sie sich beim Entwickeln von Bewältigungsstrategien helfen.

## Stichwort: Streß

Streß. Wenn Sie das Wort lesen, kommen Ihnen bestimmt sofort Begriffe wie Frust, Lärm, Hektik und Überlastung in den Sinn. Offensichtlich ist Streß ein modernes Phänomen und hat mit dem Beruf zu tun. Beides stimmt nicht. Streß ist ein Urmechanismus, mit dem die Menschen auf besondere Bedrohungs- oder Gefahrensituationen reagieren. Durch ihn wird der Körper in Alarmbereitschaft versetzt und Urreaktionen wie Angriff oder Flucht werden vorbereitet. Beides ist in unserer Zeit oft nicht möglich und damit verschließt sich die Streßbewältigung. Viele Menschen erleben Streß nicht nur im Beruf. Auch die Hausfrau oder der Freizeitmensch fühlen sich gestreßt. Wir alle haben keine Zeit und versuchen, immer mehr in unseren Tag zu packen. Zudem bringt die Umwelt zusätzliche Streßfaktoren hervor.

Streß ist ein wichtiger Mechanismus, der den Körper in Alarmbereitschaft versetzt.

**Streß
in der Freizeit**

- Gedränge vieler Menschen, Schlangestehen, Warten
- Bedürfnis nach Ruhe und dabei gestört werden
- Pflichtbesuche
- Feiertagsvorbereitung
- Verkehrsstaus, besonders am Wochenende und im Urlaub
- Lärmbelästigung
- Dauerberieselung mit Musik

Das Phänomen Streß wurde in den dreißiger Jahren von amerikanischen Wissenschaftlern erkannt und näher erforscht. Hans Selye, der Urvater der Streßerforschung, beschrieb als einer der ersten den »Streß«. Er erkannte Streß als Reaktionsmuster, das Menschen als Antwort auf erhöhte Beanspruchung zeigen. Selye beschrieb ein Mißverhältnis zwischen bestimmten Umweltreizen und der Anpassung des Körpers und der Psyche. Eine anhaltende Alarmreaktion des Körpers kann nicht abgebaut werden. Die Stressoren können Hitze, Lärm, Schadstoffe, Verletzung sowie Isolation und seelische Belastungen sein.

*Der Mensch in der Wechselbeziehung von Umwelt und Anforderungen*

Wesentlich, ist zu erkennen, daß es Eu- und Disstreß gibt. Eustreß ist »positiver Streß«. Nicht bewältigte Anforderungen und Anpassungen können durchaus Sinn machen und eine gewisse Motivation herausfordern. Selye selbst nannte Streß in diesem Zusammenhang die Würze des Lebens. Ein gewisses Maß an Streß ist also lebensnotwendig und ungefährlich.

Anders verhält es sich mit dem Disstreß. Jeder empfindet den »gefährlichen« Streß anders und hat auch individuelle Streßzeichen. Gemeinsam ist, daß langandauernder Disstreß zu gesundheitlichen Schädigungen vielfältiger Art führen kann.

Es sind aber nicht immer nur die vordergründigen Streßauslöser. Bei amerikanischen Untersuchungen zum Streßcharakter bestimmter Lebenssituationen hat sich folgende »Hitliste« ergeben: Tod eines Partners, Scheidung, Trennung vom Partner, Tod im Verwandtenkreis, Ehekrise, schwere Erkrankung, Verlust des Arbeitsplatzes, Pensionierung, Schwangerschaft, Veränderungen in der Familie, Streit in der Partnerschaft, Veränderungen am Arbeitsplatz, Änderungen im sozialen Umfeld und Familienfeste. Die Liste ist äußerst lang. Der Streßcharakter der einzelnen Situationen variiert von Individuum zu Individuum.

**Streßauslösende Faktoren**

Gelingt es einem Menschen, die beruflichen, privaten und persönlichen Anforderungen zu bewältigen, spricht der Volksmund oft davon, daß er »sein Leben im Griff hat«. Die Verhaltensforscher sprechen dann auch von einer gelungenen Anpassung an die Umwelt und an die gestellten Anforderungen. Dabei verstehen die Experten unter Anpassung einen Prozeß aktiver Auseinandersetzung. Stößt ein Mensch an die Grenzen seiner Anpassungsfähigkeit, erlebt er Streß. Es gelingt ihm nicht mehr, Veränderungen im persönlichen Bereich, im Umgang mit anderen oder im Berufsleben zu bewältigen. Die Folge sind Streßsymptome, die abhängig vom Grundtypus unterschiedlich ausfallen. Je nachdem, welcher Streßtyp der Betroffene ist, neigt er eher zum Erregtsein oder zum Hinunterschlucken.

Streßsymptome können sein: Nervosität, Irritiertsein, kalter Schweiß, Kopfschmerzen, Müdigkeit, Schlaflosigkeit, inneres Zittern, Herzklopfen, Magen-Darm-Störungen, Verspannungen, Muskelzuckungen, heulendes Elend, Sexualstörungen, Atembeschwerden, Ausschlag oder auch Nervenzusammenbruch.

**Streßsymptome**

Hauptsächlich sind es drei Grundsituationen, die an Grenzen führen: Streß entsteht durch erlebte Schädigung oder Verlust, durch Bedrohung und durch Herausforderung. Schädigung und/oder Verlust können als Schmerz oder Verletzung, also aus physischer, aus sozialer, aus materieller oder aus psychischer Sicht erlebt werden. Die Bedrohung hat einen negativen und die Herausforderung eher einen positiven Aspekt. Immer aber wird die Streßbelastung individuell bewertet. Damit entscheidet sich, ob sich der Betroffene in der Defensive wähnt oder offensiv seine Chancen und Möglichkeiten erkennt. Was für den einen Streß bedeutet, kann für den anderen eine gewohnte Anforderung sein.

> **Man muß sich bei jedem Erdentummel, in den man persönlich mit verwickelt wird, nur immer sofort deutlich machen, wie das nur ein Augenblickbild ist.**
>
> *Wilhelm Raabe*

Streß muß auch nicht immer mit dramatischen Ereignissen verbunden sein. Oft sind es die kleinen Bedrohungen und Schädigungen, die kumulieren und dann zu Grenzsituationen führen. Ganz gleich, ob es außergewöhnliche Lebenssituationen sind oder mehr alltägliche, der Körper zeigt Streßsymptome. Sie beeinflussen und verstärken sich gegenseitig. Streß erzeugt Unsicherheit, Niedergeschlagenheit und Überempfindlichkeit. Sehr verbreitet ist das ständige Unter-Zeitdruck-Stehen. Der dadurch entstehende Streß kann zu einer Veränderung des Schlaf- und Pausenverhaltens führen. Die notwendigen Ruhephasen sind nicht mehr gewährleistet. Daraus können sich sogar körperlich erlebbare Verspannungen entwickeln. Zudem werden unter Streß manche Menschen besonders hektisch. Oft ist Streß auch die Ursache von mangelndem Verständnis oder unsozialem Verhalten in Partnerbeziehungen.

*Wer ständig unter Zeitdruck steht, empfindet den Streß nicht selten als körperliche Verspannung.*

Streß kann als realer Streß entstehen. Es darf jedoch nicht unerwähnt bleiben, daß es eine weitaus gefährlichere Form gibt, den **vorgestellten Streß**. Es ist eine unbewältigte Anforderung, die sich nur in der Vorstellung abspielt. Alles was unangenehm ist, wird ins Unterbewußtsein abgeschoben. Damit ist es nicht bewältigt, sondern es bleibt unbewußt wirksam und aktiv. Wie immer, wenn etwas nur in der Vorstellung des Menschen existiert, ist es schwer, überhaupt diese Quelle für veränderte Verhaltensweisen oder für physiologische bzw. psychologische Reaktionen zu erkennen. Es handelt sich um eine andere Realität, eben die unbewußte, die in ihren Einwirkungen aber noch viel tiefgreifender als die bewußte sein kann. Ein Betroffener kann also Gefühle von Unbehagen und Unlust spüren, ohne die Ursachen zu erkennen. Möglicherweise zeigen sich aber auch viel gravierendere Anzeichen. Diese Streßreaktionen folgen einer Bedrohung, die nur aus einer gespeicherten negativen Erfahrung resultiert.

Bei Streß, ganz gleich, ob es sich um tatsächlichen Streß oder nur um eingebildeten Streß handelt, gilt die goldene Regel, dem Streß nicht auszuweichen. Sie sollen ihn aktiv bewältigen. Es gibt persönlich unterschiedliche Bewältigungsstrategien. Ist bei Ihnen der Auslöser zum Beispiel der weit verbreitete Zeitdruck, müssen Sie lernen, sich mehr Zeit zu nehmen. In einer großen deutschen Umfrage des B.A.T.-Institutes wurde 1996 deutlich, wie sehr wir Deutschen über 14 Jahren unter Zeitdruck stehen. In Beruf und in der Freizeit wird versucht, immer mehr in der gleichen Zeiteinheit unterzubringen. Das führt zu immer stärkerem Zeitdruck und zu Unzufriedenheit, weil das Pensum nicht geschafft werden kann. Sie sollten deshalb zu einer realistischen Zeiteinteilung kommen. In Beruf, Haushalt und Freizeit sollten Sie sich nicht zu viel vornehmen. Planen Sie bei allem, was Sie tun, echte Pausen ein. Es wird Ihnen helfen, auch die Freizeit zu genießen. Sie werden dadurch ruhiger und auch zu mehr Zeitfreiheit finden.

*Weichen Sie dem Streß nicht aus, sondern versuchen Sie ihn aktiv zu bewältigen.*

**Die Seele vom Genuß,
o Freund, ist dessen Kürze.
Die Furcht des Todes ist
des Lebens scharfe Würze.
Ein Tor klagt überm
Schmaus, daß er so früh sei aus.
Ein Weißer ißt sich satt
und geht vergnügt nach Haus.**

*Friedrich Rückert*

Die Streßintervention bedeutet, den Streß zu erkennen, ihn anzunehmen und dann nach Strategien zur Bewältigung zu suchen. Die Strategien sind »eigentlich« einfach. Flucht ist nur scheinbar die beste Lösung. Durch Rückzug entgeht der Mensch nicht der belastenden Situation. Entscheidend ist vielmehr, daß der Gestreßte gefordert ist, sich zu stellen und zu lernen, mit der Streßsituation **aktiv** umzugehen.

Besonders bei dem psychischen Streß ist es ein wichtiger Schritt, sich die negativen Gedanken bewußt zu machen. Oft hilft eine ehrliche, schriftliche Auflistung. Am meisten indessen hilft das Gespräch. Ein einfühlsamer Mensch, der Ihr Vertrauen genießt, kann bei den ersten Bewältigungsschritten helfen. Psychologen der Universität Trier fanden heraus, daß bei Männern oft die Lebensgefährtin helfen kann. Einer gestreßten Frau steht am besten eine befreundete Frau zur Seite.

> Bei psychischem Streß hilft oft ein Gespräch mit einer vertrauten Person.

Eine wesentliche Erkenntnis, die Sie bereits nachvollziehen konnten, ist die, daß Veränderung zum Leben gehört. Nichts bleibt wie es ist. Zu unserem Sein gehört die stete Veränderung. Das Kommen und Gehen ist untrennbar mit unserem Leben verbunden. Die Veränderung in Familie und Umfeld ist der Lauf der Zeit. Sich dagegen zu stellen bringt Kummer und seelische Nöte. Damit zu leben lernen eröffnet dagegen Perspektiven.

**Krise ist ein produktiver Zustand. Man muß ihr nur den Beigeschmack der Katastrophe nehmen.**

*Max Frisch*

Auch Alltagsstreß mit seinem Zeit- und Leistungsdruck braucht Strategien zur Bewältigung. Dazu gehört primär wieder das Erkennen und dann die aktive Auseinandersetzung. Es gibt Streßtrainer, die hierbei die aktive Kopfarbeit empfehlen. In der Vorstellung soll der Gestreßte sich immer wieder mit der entsprechenden Anforderung auseinandersetzen und sie erfolgreich bewältigen. Er muß sich ganz deutlich vorstellen, daß er die Situation gemeistert hat und sich entsprechend erfolgreich fühlt. Zugleich helfen vielen Menschen individuelle Anti-Streß-Programme beziehungsweise Alltagshilfen. Auf sie wird im zweiten Teil dieses Buches eingegangen.

Menschen, die regelmäßig Sport treiben, klagen weniger über beruflich bedingte Belastungen. Mit einem möglichst regelmäßigen Bewegungstraining können Sie Ihr Abwehrsystem gegen Streß mobilisieren. Fitneßübungen oder regelmäßiges Lauf- und Bewegungstraining verbessern psychische und körperliche Voraussetzungen, um ungewohnten und unbewältigten Belastungen besser Stand halten zu können.

Ein regelmäßiges Bewegungstraining mobilisiert Ihr Abwehrsystem gegen Streß.

> **Sämtliche Glieder scheinen gelenker zu werden und jedes Verwenden der Kraft neue Kräfte zu erzeugen, so daß zuletzt eine selig bewegte Ruhe über uns kommt.**
> *Johann Wolfgang von Goethe*

Eine gute Hilfe gegen Streß ist auch eine allgemein bejahende Einstellung. Wenn Sie ein positiv eingestellter Mensch sind, gestalten Sie Ihre Umwelt und deren Anforderungen aktiv. Mit der richtigen Grundeinstellung können Sie sich leichter mit den vielen schwierigen Situationen des Lebens auseinandersetzen. Sie können Ihre inneren Kräfte, die bejahenden Gedanken, mobilisieren. Wenn es Ihnen gelingt, Ihre bejahende Grundhaltung in allen Lebenssituationen beizubehalten, haben Sie eine wesentliche Hilfe auch gegen den negativen Streß. Sie werden alle belastenden Situationen meistern lernen. Neben geistiger Auseinandersetzung hilft körperliche Aktivität. Damit wird Streß für Sie bewältigbar. Streß kann Sie von Ihrem Weg zur Mitte nicht mehr abhalten.

**Übung 1**

Streßvermeidung bedarf genauer Analyse. Fragen Sie sich, welche Vorgänge bei Ihnen Streß auslösen. Listen Sie Ihre persönlichen Streßauslöser auf und beschäftigen Sie sich mit den Symptomen. Suchen Sie nach tatsächlichem und besonders nach vorgestelltem Streß.

**Übung 2**

Beschließen Sie ein Aktionsprogramm als Schutzmechanismus gegen Streß. Als Beispiele bieten sich an: regelmäßiger Waldlauf, Radfahren oder Walking. Im Falle besonderer Herausforderungen muß besondere Aktion dagegengesetzt werden: zum Beispiel Holzhacken, scharfer Lauf und/oder ein Schrei im Wald.

**Übung 3**

Besonders in der letzten Zeit wird der Streß in der Freizeit als Belastung erkannt. Deshalb werden Sie in Zukunft auch diese Streßquelle beachten. Sie vermeiden Aktivitäts-Streß durch zu extremen Drang zu Geselligkeit oder zu häufige Belastungen durch Feiern oder Familienzusammenkünfte. Setzen Sie ein simples Programm dagegen. Beschließen Sie, daß Sie öfters einmal einfach nur die Seele baumeln lassen und einfach nichts zu tun. Gönnen Sie sich mehr Zeit für sich. Nehmen Sie sich die Zeit, ein gutes Buch zu lesen, mit Lust ein Glas Wein zu trinken, in Ruhe ein entspannendes Bad zu nehmen oder einfach dem Zwitschern der Vögel am Abend zu lauschen.

## Stichwort: Konflikt

Das Wort »Konflikt« bedeutet Zwiespalt, Zwist und Mißhelligkeit. In vielen Fällen bedeutet Konflikt den Widerstreit verschiedener Motive und Wertvorstellungen. Sehr häufig werden Konflikte durch andere Menschen überhaupt erst ausgelöst. Da auch ein Konflikt ein Hindernis auf dem Weg zur Mitte sein kann, sollen Sie dieses Stichwort aufgreifen und einige Überlegungen nachvollziehen. An Hand von konkreten Alltagsbeispielen sollen Sie die verschiedenen Arten des Konflikts kennenlernen, um daraus Lehren für den Umgang mit dem Konflikt zu ziehen. Denn gerade auch in kritischen und konfliktbeladenen Situationen ist es wichtig, die Lage zu erkennen. Zugleich sollten die am Konflikt beteiligten Gefühle bewußt erlebt werden, um dann handeln zu können.

**Du weißt es am besten, lieber Bruder, daß wo Menschen zusammen zu schaffen haben, es mehr oder weniger Friktion gibt. Je älter man wird, desto gewisser sieht man das Wie und Wo voraus und kann sie doch weder bei sich selbst noch bei anderen immer verhüten.**

*Johann Wolfgang von Goethe*

Sie kennen die Situation: In einem Geschäft sind Sie vor die Wahl zwischen zwei Gegenständen gestellt. Sie finden beide gleich schön und Sie können sich nicht entscheiden. Zwei gleich starke Reize sind vorhanden und die Entscheidung fällt schwer. Manchmal ist Ihre Lösung ganz einfach. Sie kaufen keinen der beiden Gegenstände. Die zweite Art des Konfliktes entsteht, wenn ein Mensch eine Aufgabe nur sehr ungern übernimmt, aber ihm zugleich eine Belohnung dafür ins Haus steht. Die Aussicht auf Anerkennung stellt sich gegen die Abneigung. Noch schlimmer wird ein Konflikt, wenn diese unangenehme Aufgabe auch noch unter Zwang zu übernehmen ist. Wenn also zu dem negativen Erleben der Aufgabe noch die Androhung von Strafe oder von sonstigen Vergeltungsmaßnahmen kommt.

*Konflikte erzeugen in den Menschen einen Widerstreit von Gefühlen.*

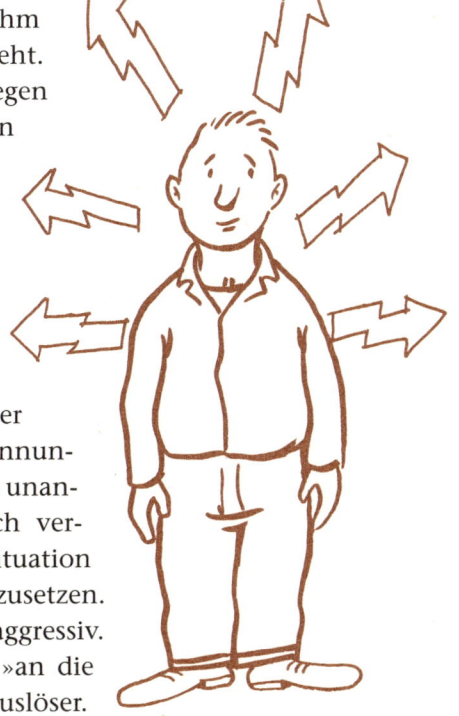

Konflikte erzeugen in den Menschen immer einen Widerstreit von Gefühlen. Innere Spannungen sind die Folge. Viel zu häufig werden die unangenehmen Empfindungen im Beruf einfach verdrängt, weil die Bereitschaft fehlt, sich der Situation zu stellen oder sich gar mit ihr auseinanderzusetzen. Der eine Mensch wird leicht und schnell aggressiv. Auch im Privatleben geht er viel zu rasch »an die Decke« und dies häufig ohne sichtbaren Auslöser.

Der andere Mensch verhält sich gerade umgekehrt. Er zieht sich zurück und fällt eher durch besondere Gleichgültigkeit auf. Wir alle kennen den verheerenden Ausdruck vom »Dienst nach Vorschrift«. Er kennzeichnet eine Strategie zur Konfliktbewältigung, die keine echte ist. Auch das schreckliche Wort von der »inneren Kündigung« bezeichnet nur ein Aufgeben und damit eine Art Auslieferung. Der Betroffene hat beschlossen, nicht aktiv sein Schicksal zu gestalten, sondern er beschränkt sich auf die passive Rolle des Erleidens. Die Umgebung enttarnt dieses Verhalten nicht selten dann als »Armutszeugnis«.

Bewältigen können Sie nur, wenn Sie auch den Bewältigungsbedarf erkennen. Deshalb sollten Sie zunächst Ihre Sinne auf Konfliktsituationen hin schärfen. Liegt ein Konflikt vor, setzen Sie sich mit den Gründen auseinander, die zum Widerstreit der Gefühle geführt haben. Sie brauchen die ehrliche Analyse der Situation.

**Analysieren Sie die Konfliktsituation, gehen Sie aktiv damit um.**

Ihre Chance liegt in der schonungslosen Auseinandersetzung mit den Gegebenheiten sowie mit Ihren entsprechenden Gedanken und Gefühlen.

> **Nicht, wenn für Dich selber etwas schwer zu bewältigen ist, annehmen, es sei dies dem Menschen unmöglich, sondern, wenn etwas den Menschen möglich und eigen ist, glaub, daß dies auch für Dich erreichbar ist.**
>
> *Marc Aurel*

Zurück zum Beispiel Beruf. Immer wird etwas erwartet von dem Menschen, der da arbeitet. Er soll etwas tun oder will etwas tun und kann nicht. Die Grundstrebungen nach Anerkennung in Form von Zuwendung und Beliebtsein können nicht befriedigt werden. Nicht selten entwickeln sich dadurch Schuldgefühle. Meist sind negative Bilder, verbunden mit ebensolchen Gefühlen, im Unterbewußtsein des Betroffenen gespeichert.

Verdeutlicht sei diese Situation wieder einmal durch das Modell des Höhlenmenschen. Die negativen Bilder aus dem Unterbewußtsein nehmen Einfluß auf die Verhaltensweise des betroffenen Menschen. Unbewältigte Vorgänge aus der Vergangenheit sind ins Unterbewußtsein verdrängt und werden durch eine vergleichbare Situation aktiviert. Der Höhlenmensch würgt den Menschen! Negative Gefühle leiten den Menschen und haben ihn fest im Griff. Sehr leicht lebt der Mensch die alte Situation nach, ohne sich darüber klar zu werden, daß jedes Erlebnis einmalig ist. Der Mensch kann und darf nicht eine Situation und eine Vorstellung auf eine andere übertragen. Die tatsächlichen Voraussetzungen sind oft andere. Die berufliche Aufgabe stellt sich anders dar, der jetzige Chef hat eine völlig andere Art des Umgangs mit Mitarbeitern und zudem hat auch der Mensch sich hoffentlich weiterentwickelt. Also warum in alte Verhaltensweisen verfallen?

*Unbewältigte Vorgänge aus der Vergangenheit können in vergleichbaren Situationen aus dem Unterbewußtsein hervortreten.*

**Widersprich nicht, bevor Du nicht widerdacht hast!**
*Martin Andersen-Nexö*

Sie haben in allen Einzelheiten herauszufinden, wie die Konfliktsituation entstanden ist. Zugleich haben Sie sich mit den Gefühlen und mit den Gedanken auseinanderzusetzen, die Sie bewegen. Absolute Ehrlichkeit ist gefordert. Auch dann, wenn die Analyse für Sie wenig schmeichelhaft ausfällt. Liegt ein Konflikt zum Beispiel an einem unbefriedigten Bedürfnis nach Anerkennung, dann können Sie mit kleinen Teilerfolgen diesem Bedürfnis gerecht werden. Immer aber gilt es, die Mauer von Isolation und Rückzug einzureißen. Sie haben die Chance auf das aktive Gestalten Ihres Lebens.

Sie sollten sich noch eine weitere Art von Konflikt vor Augen führen: das **Vorurteil**. Viel zu oft erleben wir Menschen, die in

Schablonen denken. Die ausgetretenen Pfade menschlicher Arroganz verleiten immer wieder dazu, andere Menschen wegen ihrer Hautfarbe, Abstammung oder Religion abzulehnen. Nicht selten wird dieses Urteil auch noch laut verkündet, und es werden Gleichgesinnte gesucht.

**Das Vorurteil ist schlimm: Ihm fehlt das Urteil.**

*Syrus*

Leider finden sich immer wieder solche Verirrte. Besonders in Gruppen leben sie ihre Verblendung als Wahrheit und oft als Glaubenslehre. Die Geschichtsbücher sind voll von Beispielen, in denen rund um den Globus ganze Völkermassen emotionalisiert und dann mobilisiert wurden. Kriege und Verfolgungen waren das Ergebnis und sind es leider heute noch. Die Verblendung schürt die negativen Vorstellungen und als Ergebnis entsteht blinder Haß. Sie sollten daraus lernen, sich in Ihrem Alltag vor übereilten Urteilen zu hüten. Prüfen Sie kritisch jede Konfliktsituation mit Menschen darauf, ob nicht ein leichtfertiges Urteil, also ein Vorurteil, Sie bewegt.

**Das Vorurteil ist die hochnäsige Empfangsdame im Vorzimmer der Vernunft.**

*Karl Heinz Waggerl*

Zuletzt sollen Sie sich noch mit dem unterschwelligen Konflikt beschäftigen. Er ist ein Schwelbrand im Holzhaus unserer Gefühle. Der unterschwellige Konflikt wird – wie der Name schon sagt – nie offen ausgetragen. Eine konfliktträchtige Situation wird oft nicht durch aktives Umgehen bereinigt, sondern verdrängt oder zumindest verschwiegen. In vielen Familien und Partnerschaften wird so eine »heile Welt« erhalten. Doch ein verdrängter und unterschwelliger Konflikt ist da. Er bleibt und bewegt die Beteiligten. In einer Ehe kann sich über Jahre hin dadurch eine fatale Anhäufung von nicht ausgetragenen Konflikten ergeben. Mißverständnisse und negative Ereignisse kumulieren und führen immer stärker zu mangelnder Anerkennung oder Gleichgültigkeit. Als Ergebnis

*Bereinigen Sie unterschwellige Konflikte, anstatt jahrelang still vor sich hin zu leiden.*

gibt es entweder das totale Auseinanderleben mit der Konsequenz der Trennung nach vielen Jahren oder ein jahrelanges Leiden unter den Konflikten mit dem Ergebnis Krankheit. Auch solchen unterschwelligen Konflikte sollten Sie durch aktive Auseinandersetzung begegnen.

**Das ganze Reich des Unbewußten kann einmal als Reich des Bewußten erobert werden; denn man weiß nicht, wie weit die Besonnenheit steigen kann in höheren Verhältnissen, da sie ja in unseren niederen, bekannten sich in den großen Unterschieden und Sprüngen von Wilden zu Weltweisen offenbart.**

*Jean Paul*

Suchen Sie das Gespräch. Legen Sie Gedanken und Gefühle dar. Seien Sie aber auch offen für Kritik. Beurteilen Sie die Konfliktsituation gemeinsam und mit innerer Ruhe. Aggression ist nur ein Zeichen von Schwäche. Ist keine gemeinsame Konfliktlösung erreichbar, hilft manchmal Abstand zu den aktuellen Schwierigkeiten im Umgang. Wenn dann immer noch keine Lösung möglich erscheint, müssen zum Beispiel die Partner dann auch mit den Konsequenzen leben lernen.

Immer wieder haben Sie die Möglichkeit, all den negativen Erfahrungen und Bildern starke positive Vorstellungen entgegenzusetzen. Mit einer bejahenden Grundeinstellung fällt Ihnen das auch entsprechend leichter. Auf dem Weg zur Mitte haben Sie die hervorragende Chance, stets zu wachsen und zu reifen. Bei Ihnen gibt es keine »Ausfluchtitis« mehr. Sie stellen sich auch schwierigen und konfliktbelasteten Situationen. Dabei gehen Sie aktiv und mit großer Gelassenheit an die Bewältigung auch schwierigster Aufgaben. Mit dem festen Willen zur Lösung von inneren Widerständen suchen Sie nach Lösungsmöglichkeiten. Aus der umfassenden Beschäftigung mit sich selbst und dem Wissen um Lösungsmöglichkeiten entwickeln Sie die Kraft zur Auseinandersetzung mit einem Konflikt und seinen Gründen. Sie stellen sich, und der Weg zur Mitte wird nicht verbaut.

Gehen Sie gelassen und aktiv an die Bewältigung schwieriger Aufgaben.

**Übung 1**

Wenn belastende Situationen auftreten, analysieren Sie zunächst erst einmal sorgfältig die Situation. Werden Sie sich über Ihre Gefühle klar und schreiben Sie eine Art Bericht für sich selbst. Notieren Sie, was Sie hemmt, was Ihnen fehlt oder wo Sie Schuld empfinden. Drängen sich Bilder früherer Erlebnisse auf, formulieren Sie diese möglichst konkret. Beginnen Sie über alternative Betrachtungsweisen nachzudenken. Verbannen Sie aber Flucht und Verdrängung wie auch Aggression aus Ihrem Reaktionsarsenal!

**Übung 2**

Suchen Sie intensiv nach unterschwelligen Konflikten besonders im Privatleben. Seien Sie offen und ehrlich, wenn Sie an Ihre Familie und an den Partner denken. Sind Sie sich sicher, Ihren Nächsten die notwendige Anerkennung gezollt zu haben? Eine sorgfältige und kritische Analyse auf der Basis Ihrer positiven Grundeinstellung lohnt sich immer!

## Stichwort: Ziele

Auf einer Bergtour ist es besonders wichtig, frühzeitig die Hindernisse auf dem Weg zu erkennen. Nur so kann ein Aufstieg erfolgreich bewältigt werden. Ihnen geht es ebenso.

Sie mußten die Hindernisse auf dem Weg zur Mitte erkennen, damit Sie den Weg um so klarer erkennen können. Der Weg ist bei einer Bergtour oft recht mühsam zu bewältigen, aber die Erwartung der Aussicht lohnt die Mühen. Beim Weg zur Mitte ist es die Aussicht auf das große Ziel. Es wird für Sie ein hartes Stück Arbeit bedeuten, denn Sie haben den Höhlenmenschen mit sich herumzuschleppen. Er sitzt auch in Ihrem Rucksack beim Aufstieg zu einem Leben in der Mitte.

**Innere und äußere Freude und Heiterkeit sind starke Waffen gegen Trübsinn, Haß und Frust.**

*Unbekannter Autor*

Sie werden täglich an sich arbeiten. Vorurteilsfrei wollen Sie stets Neues entdecken. Sie öffnen sich dem Neuen und setzen sich damit auseinander. Hindernisse erkennen Sie als selbstverständlich. Sie gehören zum Leben. Das Lernen im Leben ist stets mit Herausforderungen verbunden. Hindernisse sind Herausforderungen, die gemeistert werden können. Dabei dürfen Sie nicht den Blick auf die Mitte verlieren.

Zu oft schöpfen wir Menschen unsere Möglichkeiten viel zu wenig aus. Viel zu leicht ergeben wir uns negativen Schablonen. Wollen wir bewußt leben, bedeutet dies, negative Gedanken durch noch mehr positive zu ersetzen. Wenn Sie also in Zukunft das Wissen von der Kraft der positiven Gedanken im täglichen Leben umsetzen wollen, hat das Konsequenzen. Ihr primäres Ziel ist die bejahende Grundhaltung. Denn Sie wissen, daß eine solche positive Einstellung zu einem besseren Leben führen kann. Sie sollten konsequent und stetig an Ihrer Grundhaltung arbeiten. Setzen Sie auf die Macht der positiven Gedanken, die in Ihrem Unterbewußtsein wirken. Sie wollen Ihr Unterbewußtsein auf Bejahung einstimmen. Sie wollen, daß Ihr Höhlenmensch lächelt.

*Stimmen Sie Ihr Unterbewußtsein auf Bejahung ein.*

Besonders dem grau geglaubten Alltag werden Sie noch viele überraschende Erkenntnisse und Begegnungen abringen können. Sie sind im Reinen mit Ihrer Umwelt und entwickeln einen Blick für das Schöne im Alltäglichen. Auch für Sie geht täglich die Sonne auf. Ein schöner Moment, wenn die ersten Sonnenstrahlen über den Häuserdächern durchkommen. Haben Sie schon bemerkt, wie viele verschiedene herrliche Sonnenaufgänge Sie schon erleben durften? Sehen Sie dunkle und schwere Wolken als Kunstwerk. Freuen Sie sich über den nachfolgenden Regen. Er spendet Wasser für den Boden oder gibt Ihnen die Chance, zu Hause zu verweilen und dabei ein schönes Buch zu entdecken. Vielleicht ergibt sich dadurch ein wichtiges Gespräch oder es tut einfach gut, sich mit einem geliebten Menschen für einen Moment aus der Alltagshektik zu lösen. Wie wichtig ist es, für sich oder für einander Zeit zu haben. Wahrer Reichtum ist, mit dem Gegebenen zu leben und zufrieden zu sein. Selbstverständlich dürfen Sie sich auf dieser Grundlage weiterentwickeln.

> **Für wen also habe ich dies alles gelernt? Du brauchst nicht zu fürchten, Deine Mühen verloren zu haben, wenn Du es für Dich gelernt hast.**
>
> *Lucius Annaeus Seneca*

Wichtig ist aber, daß Sie Psychohygiene walten lassen. Dies bedeutet, Vorgänge so zu nehmen, wie sie sind. Selbstverständlich sollte deren Betrachtung aus einer positiven Sicht heraus geschehen. Ein harmonisches und souveränes Leben kann sich nur aus einer Situation des positiven Eingestimmtseins verwirklichen. Sich Ziele zu setzen, ist dabei wichtig. Geld zu haben sollte aber kein Ziel sein. Es ist höchstens Mittel zum Zweck. Zufriedener mit der Jetztsituation umzugehen kann dagegen ein sehr lohnendes Ziel werden. Der erste Schritt auf dieses nächste Ziel sollte es sein, den kommenden Tag positiv zu beginnen. Wie war es mit dem Vorhaben, ab dem nächsten Morgen jeden Tag in den Badezimmerspiegel zu lächeln? Gleich morgen beginnen Sie Ihren Tag fröhlich. Sie nehmen sich fest vor, ein bejahender und optimistischer Morgenmensch zu werden.

*Nehmen Sie Vorgänge, wie sie sind, und betrachten Sie sie aus einer positiven Grundhaltung heraus.*

> **Optimisten leben länger!**
>
> *Volksweisheit*

Optimisten leben länger. In einer finnisch-amerikanischen Studie wurden 2500 Männer zwischen 42 und 67 Jahren befragt, wie sie ihre Zukunft einschätzen. Je optimistischer und selbstbewußter jemand in die Zukunft ging, um so größer war die Wahrscheinlichkeit, den Untersuchungszeitraum von sechs Jahren lebend zu überstehen. Diejenigen, die wenig Vertrauen in die Zukunft hatten, erlitten unverhältnismäßig mehr Schicksalsschläge wie tödliche Unfälle oder Tod durch Krankheit.

Wenn ein Mensch negativ gepolt ist, dann verwirklicht er offensichtlich seine negative Bilder und Einstellungen um so leichter. Kennen Sie das nicht auch aus Ihrem Alltag? Wenn Sie »gut drauf« sind, wenn Sie also eine positive oder optimistische Einstellung haben, kann Ihnen ein kleiner Schnupfen oder ein leichter grippaler Infekt nichts anhaben. Sie stecken diese leichte Erkrankung locker weg. Fühlen Sie sich aber ohnehin nicht wohl, haben Sie zudem noch berufliche oder private Sorgen, erleiden Sie diese Befindlichkeitsstörung wie eine schwere Erkrankung. Sie fühlen sich rundum hundeelend. Ein Teufelskreis des Leidens und Erleidens beginnt. Ihn müssen Sie durchbrechen.

**Deine Unrast weist auf ein krankes Gemüt. Hauptmerkmal eines geordneten Geistes ist nach meiner Ansicht Beharrungsvermögen und die Fähigkeit zum Umgang mit sich selbst.**

*Lucius Annaeus Seneca*

Seelisches Gleichgewicht und innere Harmonie ziehen körperliche Abwehrmechanismen nach sich. Wir Menschen können mit unserer positiven Einstellung unser Immunsystem beeinflussen. Ungeahnte Kräfte sind mobilisierbar. Amerikanische Wissenschaftler haben in entsprechenden Untersuchungen erhebliche Veränderungen unserer Schutzmechanismen entdeckt. Selbst bei Krebserkrankungen konnte durch ein gezieltes Mentaltraining das Immunsystem gestärkt werden. Die Kraft des positiven Denkens führte zu Beeinflussungen, die in Laborwerten nachvollzogen werden konnten.

*Mit der Kraft positiver Gedanken können Sie Ihr Abwehrsystem stärken.*

Sie wissen um den Höhlenmenschen. Er muß gestärkt werden, dann hilft er Ihnen. Sie haben die große Chance, ihn für sich einzusetzen. Er wird zu Ihrem Beistand. Durch die positive

Beeinflussung des Unterbewußtseins mobilisieren Sie ungeheure Kräfte. Sie wollen an sich arbeiten. Auf dem Weg zur
Mitte wollen Sie mit dem ganzen Leben fertig werden.

**Ich habe den Tod sehr nahe gesehen, und seit der
Zeit sind mir eine Menge von Dingen, die die Welt
fürchtet, eine Kleinigkeit.**

*Georg Christoph Lichtenberg*

Sie brauchen mehr Freude und Heiterkeit. Innere Ausgeglichenheit zeigt sich in heiterer Gelassenheit. Sie ist ein Schutzschild gegen all die negativen Beeinflussungen im Alltag. Ein
froher Mensch kann so viel erreichen. Er sieht die Zukunft als
Chance. Schwierigkeiten sind dazu da, angenommen und verarbeitet zu werden. Sie sind fest entschlossen, sich nicht mehr
von Ihrem Ziel abbringen zu lassen. Sie wollen ein harmonisches und erfülltes Leben führen. Die Kraft dazu liegt in Ihnen
selbst.

**Nur selten erahnen wir das gewaltige Ausmaß
unserer Fähigkeiten.**

*Julius Segal*

Wir Menschen neigen dazu, uns immer Ziele zu suchen, die
zu weit weg sind. »Wenn ich erst einmal pensioniert bin...
Wenn wir erst einmal das Haus abbezahlt haben... Wenn wir
in fünf Jahren erst einmal aus dem Gröbsten sind... Wenn die
Kinder erst größer sind... Wenn meine Tochter erst einmal
Abitur gemacht hat... Wenn ich erst einmal das Haus reno-
viert habe...« So und ähnlich schieben wir Menschen unsere
Ziele immer weit hinaus.

*Schieben Sie Ihre Ziele nicht hinaus, definieren Sie sie jetzt.*

Haben wir dann einmal ein Ziel erreicht, wissen wir sofort,
was als nächstes erreicht werden muß, um endlich unser
Leben genießen zu können. Wir verschieben alles in die
Zukunft, und plötzlich ist unser Leben aus, und wir Men-
schen haben uns nie dem Wesentlichen zugewandt. Es gilt:
Die Zukunft beginnt morgen.

Das Hinausschieben ist der größte Verlust fürs Leben;
es verzettelt immer den nächsten Tag, es entreißt die
Gegenwart, indem es auf die Zukunft verweist.
Das größte Hindernis des Lebens ist die Erwartung,
die vom Morgen abhängt... Während man es auf-
schiebt, geht das Leben vorüber.

*Lucius Annaeus Seneca*

Wenn Ihr Alltag dunkle Gedanken bringt, werden Sie sich mit
der Kraft der positiven Gedanken dagegenstellen. Denn die
Zeit enteilt und deshalb werden Sie nicht erst morgen beginnen. Der Volksmund sagt: »Was Du heute kannst besorgen,
das verschiebe nicht auf morgen.« Das stimmt! Deshalb haben
Sie beschlossen, nicht länger mit dem Weg zur Mitte zu warten. Es wäre falsch, wenn Sie wüßten, daß Ihnen ein wunder-
schöner Ausblick auf eine herrliche Landschaft bei traumhaf-
tem Wetter winkt, und Sie würden zögern, den Weg zu dem
Aussichtspunkt zu gehen. Laufen Sie gleich los. Ihr Entschluß
steht fest, heute ist der erste Tag in Ihrem Leben mit einer neu-
en Einstellung. »Dieser Tag ist ein wichtiger Tag und ich freue
mich auf meinen Weg zur Mitte!«

**Übung 1**

Was wollen Sie in diesem Jahr erreichen? Schreiben Sie dieses Jahresziel auf, tragen sie es stets mit sich herum und
lesen Sie es immer wieder nach.

**Übung 2**

Was wollen Sie in fünf Jahren erreicht haben? Formulieren
Sie wertvolle und ideelle Ziele und halten Sie diese schriftlich fest.

### Stichwort: Bewußter reden

Zu den wichtigen Bedürfnissen des Menschen gehört der Wunsch nach Kommunikation. Unser Streben nach Austausch mit dem anderen ist eine ganz wesentliche Triebfeder auf dem Weg zur Selbstverwirklichung. Also sollten Sie sich auf Ihrem Weg zur Mitte auch mit der Kommunikation auseinandersetzen.

**Auch der Stärkste braucht in schweren Zeiten die Unterstützung anderer.**

*Julius Segal*

Kommunikation gehört zu den wichtigsten Bedürfnissen des Menschen.

Kommunikation kommt aus dem Lateinischen von »communicatio« und bedeutet Mitteilung, Verbindung. Dabei werden zwei wesentliche Aspekte deutlich: das Verbinden oder Gemeinsam-machen und das Teilen oder Anteil-haben. Die zwischenmenschliche Kommunikation muß immer den Ausgangspunkt berücksichtigen: Den Menschen, der kommunizieren will und der die Verbindung sucht. Zugleich gilt es aber auch, den Menschen zu beachten, mit dem kommuniziert wird und mit dem etwas geteilt werden soll. Beide, Sender und Empfänger einer Botschaft, sind Menschen mit der bereits besprochenen Strukturierung in Verstandes- und Gefühlsanteil. Wichtig ist dabei auch die Erkenntnis, daß der emotionale Anteil dem Rationalanteil siebenfach überlegen ist. Sie erinnern sich sicherlich an den Eisberg.

Betrachten Sie einen Kommunikationsvorgang theoretisch, um sich mit den komplexen Abläufen vertraut zu machen. Da gibt es einen Sender. Er gibt etwas von sich, das wir Nachricht nennen. Der Empfänger entschlüsselt die Nachricht.

Meistens stimmen gesendete und empfangene Nachricht nur mehr oder minder überein. In aller Regel hängt die Qualität der Nachrichtenübermittlung davon ab, ob alle Aspekte der Nachricht oder auch die verschiedenen Botschaften gleichzeitig angekommen sind und von Sender und Empfänger

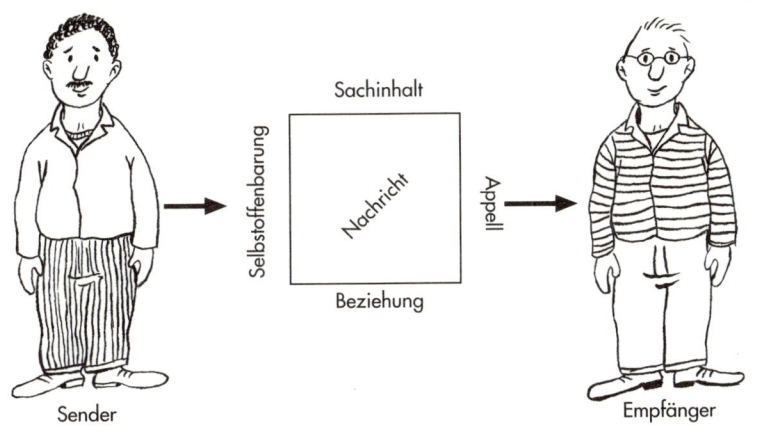

gleichermaßen bewertet werden. Die verschiedenen Botschaften sind: Sachinhalt, Selbstoffenbarung, Beziehung und Appell. Der Sachinhalt beinhaltet, worüber ich informiere; die Selbstoffenbarung macht klar, was ich von mir selbst kundgebe; die Beziehung steht für das, was ich vom anderen halte; der Appell legt offen, wozu ich den anderen veranlassen möchte.

Als Beispiel: Der Partner stellt fest: »Es ist schon 7.00 Uhr!« Die dazugehörenden vier Botschaften lauten: »Es ist 7.00 Uhr. Ich denke, wir sollten uns beeilen. Du hast die falsche Zeiteinteilung. Beeile Dich!« Bereits an diesem Beispiel wird deutlich, wie komplex die Kommunikation strukturiert ist. Zudem hängt die Qualität des Nachrichtenaustausches auch von den unterschiedlichen Bewertungsgrundlagen des Senders und des Empfängers ab. Sie verstehen jetzt sofort, warum die Verständigung immer wieder auf Schwierigkeiten stößt. Der Sender muß auf die vier Kanäle achten und zugleich soll der Empfänger auf vier Kanälen empfangen. Haben Sie schon einmal versucht, vier Fernsehprogramme gleichzeitig zu schauen und zu verwerten. Das ist sehr schwierig, wenn nicht gar unmöglich. Als Ergebnis der mangelhaften Kommunikation entstehen Mißverständnisse, Verschlossenheit, Vorurteile und Manipulationen. Ganz verwirrend wird es, wenn zudem noch erkannt werden muß, daß die Kommunikation nicht nur mit Worten, sondern obendrein auch non-verbal abläuft.

Mißverständnisse in der Kommunikation beruhen meist darauf, daß Sender und Empfänger die Nachricht unterschiedlich bewerten.

**Merke nicht nur auf das, was die Leute sagen, sondern auch darauf, wie sie es sagen. Wenn Du einigen Scharfsinn hast, wirst Du mehr Wahrheit durch die Augen entdecken als durch die Ohren. Die Leute können sagen, was sie wollen, können sich aber nicht genau eine Miene nach ihrem Willen geben.**

*Lord Chesterfield*

Sie wissen um die Komplexität von Nachrichten und deren Übermittlung. Deshalb nehmen Sie sich vor, stets auf den anderen zu achten. Auf wen trifft meine Botschaft? Wie reagiert der andere? Was will der andere mir mit seiner Botschaft sagen? Das sind nur einige Fragen, die Sie sich in Zukunft stellen wollen. Sie haben beschlossen, **aktiv** zuzuhören. Sie öffnen sich der Botschaft. Das hat zur Folge, daß Sie aufmerksam sind, Blickkontakt aufnehmen, den anderen durch Nicken oder freundliches Lächeln auffordern. In Zukunft sollten Sie berücksichtigen, daß »Dialog« in wörtlicher Übersetzung »Mensch durchscheinen lassen« bedeutet. Der Mensch scheint durch und spiegelt die Botschaft.

**Fragen Sie konsequent nach, wenn Sie eine Nachricht nicht verstanden haben.**

Verstehen Sie die Nachricht auf irgendeiner Ebene nicht, dann werden Sie konsequent nachfragen. Sie fragen nach Sach- und Gefühlsanteil: »Was willst Du mir sagen? Was bedeutet das für Dich? Was denkst Du von mir diesbezüglich und was erwartest Du, daß ich tue?« Solche Schlüsselfragen sollen helfen, Ihre Kommunikation zu optimieren. Sie wissen sowohl um den verbalen wie auch um den nonverbalen Anteil einer Nachricht. Deshalb wird Ihnen auch deutlich, wie wichtig der Beziehungsaspekt ist. Sie brauchen nur an den Eisberg zu denken. Sie nehmen sich deshalb auch vor, an Gespräch und an Kommunikation nun mit mehr Sorgfalt heranzugehen.

**Ein Vakuum, geschaffen durch fehlende Kommunikation, füllt sich in kürzester Zeit mit falscher Darstellung, Gerüchten, Geschwätz und Gift.**

*Cyril Northcote Parkinson*

Sie werden die Inhalte und die Personen, mit denen Sie kommunizieren, so wahrnehmen wie sie sind. Sie achten darauf, nichts zu verändern, zu verfälschen und möglichst objektiv die Botschaft wahrzunehmen. Sie sind sich der Verantwortung von Sender und Empfänger bewußt. Sie wissen, daß nicht entscheidend ist, was man sagt, sondern was ankommt.

Sie wissen, daß nicht nur wir Menschen miteinander kommunizieren, auch unsere Höhlenmenschen verständigen sich. Es verläuft nonverbal und hat herausragende Bedeutung. Wir erinnern uns an die Größenverhältnisse, und es ist uns sofort klar, wer das Ergebnis der Kommunikation tatsächlich bestimmt: Unser Höhlenmensch. Er begleitet uns in jedem Gespräch.

Entscheidungen fallen zum Großteil auf der Gefühlsebene. Die Vernunft wird bemüht, um der Entscheidung dann eine plausible Erklärung zu geben. Eine logische Begründung wird also nachgeschoben. Achten Sie in Zukunft auf solche Zusammenhänge. Dann wird auch klar, warum die eine oder andere Entscheidung so gefallen ist, wie sie gefallen ist. Ausschlaggebend war irgendwann das Gefühl. Vielleicht hilft Ihnen die umgangssprachliche Auslegung, wonach der »Bauch« entscheidet. Die Kommunikation wendet sich an den Bauch, womit die Gefühlsebene gemeint ist. Eine andere Überlegung soll dies ebenfalls verdeutlichen: Wenn wir Menschen feststellen, daß bei der Kommunikation etwas »mitschwingt«, dann gehen wir von Wellen aus. Decken sich diese Wellen, entsteht Gleichklang. Der Volksmund sagt: »Der liegt auf meiner Wellenlänge.« Und recht hat er – wie immer. Sie haben sich deshalb auf Ihrem Weg zur Mitte als Sender und Empfänger von Botschaften zu erkennen. Wenn Sie von jetzt an immer die Situation so nehmen wollen, wie sie ist, dann gilt das auch für die Kommunikation. Sie nehmen den Menschen, mit dem Sie kommunizieren, so wie er ist. Mit sei-

*Das Unterbewußtsein wirkt bei jeder Kommunikation entscheidend mit.*

ner Verstandes- und Gefühlswelt bestreitet er den Dialog mit Ihnen. Er hat seine Bedürfnisse, die er befriedigen will, und Sie haben die Ihren. Sie erkennen, daß Sie lernen müssen, beides zu akzeptieren. Auf Ihrem Weg zur Mitte haben Sie beschlossen, bewußter zu reden und bewußter zuzuhören.

**Übung 1**

> Wenn Sie wieder einmal einen schwierigen Dialog zu führen haben, achten Sie auf die unterschiedlichen Ebenen der Vernunft und des Gefühls bei Ihren Darlegungen und bei den Ausführungen Ihres Gegenübers.

**Übung 2**

> Sie haben beschlossen, zum Sach- und zum Beziehungsaspekt nachzufragen, wenn Sie den Dialog für sinnvoll erachten.

**Übung 3**

> Sie denken bei Ausführungen immer öfter an Luther, der zu sagen pflegte: »Tritt fest auf, mach's Maul auf, hör bald auf!«

## Stichwort: Der Andere

Sie kennen die Situation auch: Das durfte nicht passieren. Wieder hat ein Mensch Sie enttäuscht. Sie wenden sich ab, aber wohin? Der Weg scheint verbaut. Auch die Umgebung erscheint plötzlich grau, feindlich und fremd. Sie versuchen sich zu konzentrieren, aber es gelingt Ihnen nicht. Immer wieder versuchen Sie Ordnung in Ihre Gedanken zu bekommen. Es gelingt nicht. Die negativen Erlebnisse tauchen in sinnloser Reihenfolge immer wieder vor Ihrem geistigen Auge auf. Und auch jene Schlüsselszene, in der **Sie** eigentlich hätten anders reagieren müssen. Oder doch nicht? Zweifel an

Ihrem Verhalten nagt an Ihnen. Sie würden gerne noch einmal die Chance zum Handeln bekommen und anders reagieren, auf jeden Fall souveräner. Sie wollen jetzt raus aus diesem negativen Teufelskreis. Es gelingt nicht. Sie erwischen sich dabei, wie Sie in die große Frustration abrutschen. War nicht in Ihrem Leben immer alles falsch? Ist das nicht wieder eine Bestätigung dafür, daß Ihr Leben eigentlich immer schon beschi.... Halt! So nicht!

**Wenn Zweifel Herzens Nachbar wird,
die Seele sich in Leid verwirrt.**

*Wolfram von Eschenbach*

Nein, es stimmt nicht. Sicher sind Sie enttäuscht. Aber warum? Sie haben sich ein falsches Bild gemacht. Sie sind von den falschen Vorstellungen ausgegangen. Wenn Sie ganz ehrlich sind, dann wollten Sie etwas im anderen sehen, was der gar nicht war und nicht sein konnte. Viel zu oft passiert es den Menschen, daß sie den anderen nicht so nehmen, wie er wirklich ist. Sie nehmen ihn vielmehr so, wie sie ihn gerne sehen möchten. Er paßt dann besser »in den Kram«. Enttäuschungen entstehen immer aus falschen Erwartungen. Sie sollten offen und mit realistischen Erwartungen an den anderen herangehen.

**Alles wirkliche Leben ist Begegnung.**

*Martin Buber*

Jeder hat die Chance verdient, so gesehen zu werden, wie er ist. Das bedingt aber auch die Bereitschaft, sich frei zu machen von irgendwelchen Vorurteilen. Wir Menschen betrachten alles aus unserer Sicht. Kaum machen wir uns die Mühe, uns in die Rolle des anderen zu versetzen. Warum auch? Wie lautet der schöne Spruch: »Jeder denkt an sich, nur ich denk an mich.« Das ist leider zu oft wahr. Mit einer zu starken Ich-Bezogenheit im Umgang mit dem anderen verlieren wir die realistische Einschätzung. Unduldsamkeit ist oft das Ergebnis.

*Lernen Sie, den anderen so zu sehen wie er ist.*

**Unduldsamkeit und Dummheit sind Vettern.**

*Antoine Rivarol*

Sie alle kennen die »rosarote Brille«. Wen zum Beispiel die Liebe erwischt hat, der ist bereit, alles in rosigen Farben zu sehen. Der Partner wird zum Idealbild und der Liebende ist einfach im »Siebten Himmel«. Auch die Umgebung wird plötzlich positiv erlebt. Was hat sich verändert? Nur die Einstellung. Das Bild, das sich der Rosa-Brillen-Träger macht, ist auf »positiv« getrimmt. Kein Erlebnis kann ihn von dieser Sicht abbringen. Kein Mißerfolg kann ihn verunsichern. Warum ist dieses Positiv-geprägt-Sein nur in dieser Rosa-Brillen-Phase möglich? Es muß uns gelingen, auch im Alltag ein Stück »heile Innenwelt« aufzubauen.

**Wer sich zwischen den Sternen bewegt, kann nur noch lächeln über die kostbaren Fußböden der Reichen.**

*Lucius Annaeus Seneca*

Viel zu schnell sind wir Menschen bereit, über das Handeln eines anderen Menschen ein Urteil zu fällen: ein Vorurteil. Es ist das schnellste und ungerechteste aller Urteile. Noch bevor der andere die Chance hatte, sich überhaupt zu äußern, haben wir Menschen uns bereits eine Meinung gebildet. Nur sehr selten rücken wir davon ab. Wir glauben, sehr treffsicher zu sein mit unserem Urteil, denn es fußt ja auf so viel Erfahrung. Nur zu gerne sind wir bereit, Schablonen zu verwenden. Dabei prägen unsere eigenen Wünsche und unsere Wunschvorstellungen die Einstellung zum anderen. Wir projizieren unser Ich in den anderen und wundern uns dann über die Unstimmigkeiten. Wenn Sie Harmonie und Freude in Ihrem Umfeld haben möchten, müssen Sie diese zunächst selbst ausstrahlen. Sie verfügen mit Ihrem Denken, mit Ihren Gedanken über ungeheure Kräfte. Sie können damit starke Reaktionen auslösen. Wenn Sie eine bejahende Grundhaltung einnehmen, können Sie Entwicklungen und Unternehmungen entsprechend beeinflussen. Wenn Sie positiv und optimistisch in die Welt gehen, können Sie äußeren Wandel und Mißerfolge leichter

*Häufig projizieren wir unsere Wünsche und Vorstellungen in den anderen und wundern uns dann, wenn er diesen nicht entspricht.*

und besser verarbeiten. Der Glaube, an das was Sie erreichen wollen, ist kaum zu erschüttern. Mehr noch, dieser Glaube an ein Ziel kann andere motivieren und mitreißen.

Selbstverständlich bleiben Sie kritisch, aber eben kritisch-konstruktiv. Sie geben dem anderen eine Chance. Wir Menschen sind immer wieder angewiesen auf den anderen. Aristoteles hat den Menschen als gemeinschaftbildendes Lebewesen erkannt und deshalb auch als »zoon politicon« bezeichnet. Denn wenn Sie einen Gesprächspartner brauchen, sind auch Sie froh, einen guten Zuhörer zu finden.

> **Auch der Stärkste braucht in schweren Zeiten die Unterstützung anderer.**
>
> *Julius Segal*

Und noch etwas sollten Sie bedenken. Der andere ist auch geprägt von seinen Vorstellungen. Er wird sich im Verhältnis zu Ihnen entweder ihren Vorurteilen anschließen oder durch seine konstruktive Art Ihnen eine Chance zum offenen Dialog geben. Um Enttäuschungen zu vermeiden, sollten Sie auch bei den Äußerungen Ihres Gegenübers nur realistische Erwartungen haben. Sie sind aber grundsätzlich offen für den anderen und seinen Höhlenmenschen.

*Geben Sie Ihrem Gegenüber eine Chance: Seien Sie kritisch-konstruktiv.*

Wenn Sie sich in Zukunft in einem Arbeitsteam, einem Verein oder einer Freizeitgruppe bewegen, wissen Sie um die komplexen Sach- und Beziehungsstrukturen. Immer sind Individuen mit ihrem Denken und Fühlen miteinander verbunden. Die oftmals sehr verschiedenen Strebungen oder Bedürfnisse der einzelnen Gruppenmitglieder prallen aufeinander.

Auch in der Gruppe gilt, daß die Beziehungen eines Menschen durch seine Bedürfnisse und seine Vorstellungen geprägt werden. Nur aus seiner psychischen Struktur heraus, lassen sich sei-

ne Positionierung in der Gruppe und seine Erwartungen erklären. Selbstverständlich bilden sich in Gruppen Autoritäten heraus. Es wird entliehene ebenso wie persönliche Autoritäten geben. Autorität bedeutet Amtsansehen. Dieses Ansehen kann sich also nur auf das Amt beziehen oder es kann echt sein. Wenn Kompetenz und Vertrauen den Umgang bestimmen, wird ein Mensch auch als der akzeptiert, der er ist.

**Jeder Zuwachs an Macht muß begleitet sein von einem Zuwachs an Verständnis.**

*H. A. Overstreet*

**Lassen Sie nicht zu, daß Spannungen und Differenzen Ihr Gefühlsleben beeinträchtigen.**

Sie erkennen, daß niedere Gefühle oder zu hohe Erwartungen gegenüber Mitmenschen Gift für die eigene Seele sind. Sie sind auf dem Weg zu Ihrer Mitte.

Lernen Sie akzeptieren, daß andere sich Ihrer Meinung nach »falsch« verhalten. Wenn Sie sich nichts vorzuwerfen haben, wenn Sie nicht der Grund für dieses Fehlverhalten sind, dann sollen Sie auch ein Auseinandergehen akzeptieren. Wenn Sie spüren, daß es keine Verbesserung im Verhältnis zu anderen geben wird und Sie nicht die Kraft zum Dialog haben, dann gehen Sie »aus dem Feld«. Lassen Sie negative Erlebnisse hinter sich. Nichts hält Sie mehr davon ab, glücklich zu werden.

**Konzentrieren Sie sich auf sich und Ihre Zukunft.**

Sie wissen, auf wen Sie sich immer verlassen können. Die helfende Hand, die Sie immer zur Verfügung haben, ist am Ende Ihres eigenen Armes. Es ist gut, ein starkes und verständnisvolles Gegenüber zu haben, aber Sie erkennen auch, daß viele Reaktionen des anderen nichts anderes sind als Spiegelungen des eigenen Ichs. Mißerfolge können Sie nicht verunsichern, auch nicht im Umgang mit anderen. Mit einer bejahenden Einstellung sind Sie grundsätzlich offen für den anderen. Sie gehen mit realistischen Erwartungen und dem klaren Wissen um Ihre psychische Struktur auf andere zu. Sie wissen um die Verstandes- und Beziehungsebene auch im Verhältnis zu anderen. Zugleich sind Sie sich der Kraft der Gedanken auch im Umgang mit dem anderen bewußt.

**Übung 1**

Sie nehmen sich vor, einen Mitmenschen erst einmal so zu nehmen, wie er ist. Ihr Entschluß lautet: Ich will offen und ohne Vorurteile auf andere zugehen.

**Übung 2**

Haben Sie ein negatives Erlebnis mit einem Mitmenschen hinter sich und fühlen Sie sich enttäuscht oder betrogen? Prüfen Sie, welchen Erwartungen Sie an den anderen hatten. Seien Sie ehrlich und gewissenhaft, wenn es um **Ihre** Gefühle geht. Wenn Sie vergeben können, tun Sie es. Ersetzen Sie gedanklich das negative Bild mehrfach durch ein für Sie akzeptables positives. Sind Sie sich aber bewußt, daß der Dialog keinen Sinn mehr für Sie macht, handeln Sie konsequent. Brechen Sie die Brücken ab und konzentrieren Sie sich auf sich. Lassen Sie sich von Ihrer bejahenden Grundhaltung nicht abbringen. Sie haben eine Zukunft auch ohne den anderen.

**Übung 3**

Wenn Sie mit Ihren Lieben am Tisch sitzen, gehen Sie positiv auf die anderen zu und sagen Sie zum Beispiel: »Wir wünschen uns einen guten Appetit!« oder »Wir wünschen uns einen schönen Tag!« Sagen Sie Ihrem Partner auch immer wieder: »Schön, daß es Dich gibt!«

## Stichwort: Konzentration

Kennen wir sie nicht, die Manager, die von einer Aufgabe zur anderen hetzen? Sie sind das Sinnbild unserer Gesellschaft. Ständig »in action« zu sein, ist die Devise. Man ist aktiv und wird gebraucht. Sie erinnern sich sicher an die Bilder aus der Werbung vom Manager, der telefoniert, gleichzeitig in den Computer schaut und mit der Sekretärin spricht. Selbstverständlich hat er noch etliche Aktenordner vor sich liegen, in denen er blättert. Gegen das Magendrücken nimmt er schnell eine Tablette, und weiter geht die Hetze.

Das Handy als Zeichen steter Erreichbarkeit ist das »Sahnehäubchen« auf dieser ständigen Betriebsamkeit. Und dann kommt der Feierabend, irgendwann verläßt unser Manager das Büro und hastet zum »Freizeitvergnügen«. Und auch hier gilt selbstverständlich Freizeit auf mehreren Kanälen. Rein ins Fitneß-Studio mit der Tageszeitung und ab geht die Post auf dem Trimmrad. Oder Abendessen mit Fernsehzappen zu Hause. Hektik, Hasten, Hetzen ohne Rast und ohne Ruhe.

**Wir sind im neurotischen Zeitalter!**

*Psychologenweisheit*

Sie haben erkannt, daß der moderne Mensch in Konflikten lebt, die er nicht als solche erkennt. Er läßt sich hetzen und sammelt immer mehr negative Erfahrungen im Verhältnis zur Umwelt. Statt sich eine Pause zu gönnen und eine Phase der Besinnung einzuleiten, hetzt der moderne Mensch weiter. Er freut sich über die nächsten Aufgaben und die weitere »action«. Er will oder kann möglicherweise gar nicht zur Ruhe kommen. Ist es nicht traurig, daß die Wissenschaftler heute vom »gehetzten Menschen« sprechen, der neben sich steht? Er verplant selbst die Freizeit. Der moderne Mensch scheint die Ruhe nicht mehr zu verkraften. Vielleicht fürchtet er bei Ruhe, Defizite erkennen zu müssen. Er ist mit sich und seiner Gefühlskälte im Reinen. Der Mensch und sein Höhlenmensch sind sich nicht mehr einig. Jeder strebt in eine andere Richtung.

*Der Mensch und sein Höhlenmensch streben in verschiedene Richtungen auseinander.*

Der Vorfahre ist größer und stärker. Er wird sich durchsetzen. Als Ergebnis zeigen sich Flucht aus der Realität und Leben der falschen Vorstellungen. Das kann zu Krankheit und psychischen Störungen führen. Sie müssen lernen, innezuhalten. Ihr wichtigstes Hilfsmittel ist die Konzentration. Von den Asiaten haben wir die Weisheit, wonach ausgeglichene Menschen gelernt haben, im Hier und Jetzt zu leben. Das bedeutet, sich bewußt auf den Moment zu konzentrieren. Konzentration beruht auf dem Prinzip von Auswahl und Beschränkung. Sie führt zur gezielten Aufmerksamkeit auf eine Sache und auf eine Tätigkeit. Konzentration kann erlernt werden. Es reicht indessen nicht, sich einmal vorzunehmen, ab sofort konzentrierter zu sein. Konzentration muß immer wieder geübt und in schwierigen Alltagssituationen genutzt werden.

*Konzentration muß ständig neu geübt werden. Nur so lernen Sie im Hier und Jetzt zu leben.*

> **Man kann einräumen, daß, wenn es für uns möglich wäre, in eines Menschen Denkungsart so tiefe Einsichten zu haben, daß jede, auch die mindeste Triebfeder dazu uns bekannt würde, man eines Menschen Verhalten auf die Zukunft mit Gewißheit so wie eine Mond- oder Sonnenfinsternis ausrechnen könnte.**
>
> *Immanuel Kant*

Haben auch Sie die Schwierigkeit, daß Sie nicht in der Lage sind, mit Ihren Gedanken über einen längeren Zeitraum bei einer Sache zu bleiben? Immer wieder werden Sie abgelenkt. Wenn Sie versuchen, sich auf sich selbst zu konzentrieren, kommen ständig neue Bilder vor ihr geistiges Auge, drängen sich Ihnen verschiedene Gefühle auf und innere Wirrheit beutelt Sie.

Es gibt eine ganze Reihe von Hilfen, um die Aufmerksamkeit auf den Punkt zu erhöhen. So betrachten fernöstlichen Meditationslehrer drängende Gedanken und Gefühle wie Wolken. Konzentration bedeutet dann, die störenden Gedanken wie die Wolken am Himmel weiterziehen zu lassen. Sie halten die Gedanken und Gefühle nicht fest und vermeiden so ein Auftürmen. Sie schicken die Wolken langsam und stetig weiter.

Amerikanische Meditationslehrer gehen sogar soweit, den Lärm, der nicht ausschaltbar ist, für die Konzentration zu nutzen. In einer amerikanischen Großstadt sind Sirenen eine immer wiederkehrende Lärmerscheinung. Deshalb haben erfahrene Trainer die Sirenen zum Auslöser einer noch tieferen Konzentration gemacht. Der Übende nimmt den Lärm als selbstverständlich hin, bietet keinen Widerstand und verstärkt seine Aufmerksamkeit.

> **Wenn ich so viele Dinge erreicht habe, so liegt es daran, daß ich immer nur eine Sache zur gleichen Zeit wollte.**
>
> *William Pitt*

Sie steigern auch Ihre Konzentrationsfähigkeit, wenn Sie zum Beispiel lernen, sich von der augenblicklichen Tätigkeit faszinieren zu lassen. Auf eine Beschäftigung, die ein Mensch mit ganzem Elan ausübt, richtet er auch seine Aufmerksamkeit in wesentlich höherem Maß. Mit einer entsprechend lockeren und unverkrampften Einstellung zur Arbeit werden Sie sich leichter auf einzelne Tätigkeiten konzentrieren können. Was Ihnen dann noch fehlt, ist eine klare Einteilung von Aufgaben nach Ihrer Bedeutung. Entscheiden Sie möglichst bereits am Vortag, welche der vielen Aufgaben für Sie besonders wichtig sind und welche Aufgaben dann noch anstehen. Auch sollten Sie, ob in Firma, Familie oder Freundeskreis, das Wort »nein« üben.

*Gehen Sie mit einer lockeren Einstellung an die Arbeit und teilen Sie Ihre Aufgaben nach ihrer Bedeutung ein.*

Denn bei der Suche nach stärkerer Konzentration werden Sie zu lernen haben, die von außen an Sie herangetragenen Anforderungen auch einmal abzulehnen. Selbstverständlich bleiben Sie damit offen für tatsächliche Notwendigkeiten. Aber Sie haben Ihr Konzept der Beschränkung und lassen sich ohne Not nicht davon abbringen. Denken Sie stets daran, daß Konzentration Auswahl und Beschränkung bedeutet.

Ich wünsche herzlich, Du möchtest Dich von vorn-
herein bemühen, ein Mann von Methode zu werden;
denn nichts trägt mehr zur Erleichterung und
Beschleunigung der Geschäfte bei als Ordnung und
Methode. Beachte dies in Deinen Rechnungen, bei
Deiner Lektüre, bei Deiner Zeiteinteilung, kurz, bei
jeder Gelegenheit.

*Lord Chesterfield*

Eine große Hilfe zum Konzentrieren ist das richtige Atmen.
Die fernöstlichen Lehren erkennen im Atemschöpfen nicht
nur die Aufnahme von Sauerstoff, sondern zugleich die Aufnahme von kosmischer Vitalkraft. Lebensenergie wird gespen-
det und aufgenommen. Die meisten Menschen leben mit
einer sehr flachen und unruhigen Atmung. Sie haben verlernt,
rhythmisch voll zu atmen. Sie sollten üben, bewußter zu
atmen. Mehrmals am Tag sollten Sie – selbst in der größten
Hektik – tief und ruhig einatmen und hörbar aufatmen. Gerade wenn es besonders hektisch ist, gönnen Sie sich damit eine
kurze Ruhepause. Zugleich verstärken Sie gezielt Ihre Konzentrationsfähigkeit.

Atmen Sie mehr-
mals am Tag
ganz bewußt ein
und aus – dies
fördert die Kon-
zentrationsfähig-
keit.

Sie haben beschlossen, sich öfters am Tag gezielt und bewußt
zu konzentrieren. Immer wieder werden Sie Konzentrations-
übungen einlegen. Auf dem Weg zur Mitte haben Sie sich vorgenommen, auch Ihre Fähigkeiten zur Konzentration zu stärken. Mindestens einmal am Tag werden Sie tief und bewußt
ein- und hörbar ausatmen. Wesentlich ist Ihnen, daß Sie an die
vielfältigen Aufgaben des Tages mit innerer Ruhe und Heiterkeit herangehen. Ihre Stärke zur Konzentration nutzen Sie
dann primär, um sich in Beruf, Haushalt oder Freizeit nicht zu
verzetteln. Sie wissen, daß Konzentration mit Auswahl und
Beschränkung zu tun hat. Deshalb werden Sie Ihre Aufgaben
genau einteilen, um sich dann möglichst immer auf eine Tätigkeit beschränken. Denken Sie auch immer an Ihre bejahende
Grundhaltung. Sie verbinden beides: Grundhaltung und die
Beschränkung auf die wesentliche Aufgabe. Lächeln Sie und
freuen Sie sich Ihres Lebens, Sie sind auf dem Weg zur Mitte.

**Übung 1**

Nehmen Sie einen Text und lesen Sie so, daß Sie die Wörter in Silben zerlegen. Betonen Sie jede einzelne Silbe; bleiben Sie auf jeder Silbe haften, bis sie ausgesprochen ist. Lesen Sie fünf Minuten und geben Sie jeder Silbe zwei Sekunden.

**Übung 2**

Setzen Sie sich aufrecht hin und schauen Sie auf einen bestimmtem Punkt in zirka zwei Meter Entfernung. Sie können sich auch extra einen Punkt auf ein Blatt Papier aufzeichnen. Wichtig ist, daß Sie es schaffen, die ganze Aufmerksamkeit auf diesen Punkt zu lenken. Alle Gedanken und Gefühle, die bei der Übung stören, lassen Sie weiterziehen – wie die Wolken am Himmel. Fixieren Sie den Punkt mindestens 60 Sekunden. Vielleicht können Sie die Übung mehrfach am Tag wiederholen oder zeitlich langsam ausdehnen.

**Übung 3**

Diese Übung können Sie auch gut im täglichen Alltag anwenden. Sie machen eine Faust. Langsam und so, daß keine Bewegung sichtbar wird, öffnen Sie die Faust. Sollten Sie zu schnell werden und die Bewegung sichtbar werden, verharren Sie einen Moment bevor Sie weitermachen. Wenn die Hand geöffnet ist, schließen Sie sie wieder ebenso langsam. Verfahren Sie mit der anderen Hand in gleicher Weise.

**Übung 4**

Schließen Sie Ihre Augen und richten Sie sie auf den Punkt zwischen Ihren Augenbrauen, genauer auf Ihre Nasenwurzel. »Frieren« Sie das aktuelle Bild ein, das Sie zuletzt vor Augen hatten. Atmen Sie mehrfach tief ein und hörbar aus.

## Stichwort: Unterschieben

Einem kleinen Jungen wird immer wieder gesagt, wie tolpat-
schig er ist. Immer wieder wird ihm verdeutlicht, daß er alles
falsch macht. Wundert es Sie dann, daß er prompt seine Limo-
nade umstößt? Der völlig verschüchterte und verunsicherte
Junge muß erkennen, daß er ein immerwährender Versager
ist. Über kurz oder lang wird er es so sehr glauben, daß er zu
keiner anderen Reaktion mehr fähig ist als zu der, die »eigentlich« immer wieder von ihm erwartet wird. Ihm wird etwas
eingeredet, was er dann selbst für real hält und wonach er sich
dann auch verhält. Es kann auf Dauer nicht gutgehen mit diesem Menschenkind.

**Mit Negativismen kann man die Seele nicht
ernähren!**

*Psychologenweisheit*

Verhaltensprobleme sind vorprogrammiert, und Krankheit
wird die Folge sein. Für viele psychische Störungen sind
irgendwann – oft durch die Erziehung – die Grundlagen gelegt
worden. Aber solche Beeinflussungen müssen nicht ein lang-
wieriger Erziehungsprozeß sein. Solche »Prägungen« passieren
jeden Tag. Die moderne Werbung bedient sich auch der
Mechanismen, die zur Beeinflussung des Verhaltens führen.

Man spricht von »Suggestionen«. Das lateinische Wort »sug-
gerere« bedeutet unterschieben und beeinflussen. Dement-
sprechend verstehen Wissenschaftler unter Suggestion einen
Vorgang, bei dem einer oder mehreren Personen eine
bestimmte Vorstellung oder ein bestimmtes Bild eingegeben
wird. Dabei wird demjenigen, dem etwas suggeriert werden
soll, also etwas untergeschoben. Dem Unterbewußtsein werden Bilder angeboten. Diese Vorstellungen werden meist
unter Umgehung des Verstandes und durch häufige Wiederholungen eingegeben. Erzeugt man selbst die Bilder, die
beeinflussen sollen, wird dieser Vorgang als **Autosuggestion**
bezeichnet.

Die Werbung
arbeitet mit Sug-
gestion: Durch
Wiederholung
immer der glei-
chen Bilder wird
das Unterbe-
wußtsein beein-
flußt.

**Quidquid agis, prudenter agas et respice finem!
Was immer Du tust, tue es mit Besonnenheit und
bedenke das Ende!**

*Römische Weisheit*

Sie kennen viele Beispiele von solchen mentalen Beeinflussungen. Kennen Sie nicht die Kernsätze aus der Werbung bereits im Ansatz und können die Produkte zuordnen? »Dash wäscht so weiß, weißer geht's nicht« und »Der Volkswagen läuft und läuft«.

Sie nutzen dieses Wissen und beschäftigen sich mit der Frage, was Ihnen die Suggestion bringen kann. Wenn Sie das Eingangsbeispiel nun umdrehen, wird es deutlich. Beeinflußt man einen Menschen immer wieder durch positive Kommentare und bietet man ihm ständig positive Bilder an, dann entsteht eine positive Beeinflussung. Für den Höhlenmenschen in uns bedeutet dies, daß er immer wieder angesprochen wird. Ihm wird etwas gezielt untergeschoben. Er wird sehr gerne bereit sein, die positiven Bilder aufzunehmen. Die entsprechenden Botschaften müssen nur eindeutig und klar formuliert und mit starken Vorstellungen verbunden werden. Zugleich müssen seine primitiven Bedürfnisse angesprochen werden und sein Gefühl. Dann wird der Höhlenmensch in uns beeinflußbar.

*Mit deutlichen gefühlsbetonten Vorstellungen können Sie Ihr Unterbewußtsein positiv beeinflussen.*

Sie können also im Unterbewußtsein bestimmte Vorstellungen erzeugen. Je deutlicher, stärker und gefühlsbetonter die Vorstellungen sind, desto leichter sind sie durchzusetzen und unterzuschieben. Entscheidend ist nicht die reale und logische Darstellung einer solchen Vorstellung, sondern der intensive Bildcharakter. Ein gut vorstellbares und plastisches Bild wird leicht und schnell aufgenommen. Entscheidend ist, daß das Bild immer wieder erzeugt wird. Die Wissenschaft spricht vom »law of frequencies«, vom Gesetz der Häufigkeit.

Sie sollen das Thema der »Prägung« oder »gezielten Beeinflussung« noch aus einem anderen Blickwinkel betrachten. Dazu wenden Sie sich dem russischen Wissenschaftler Iwan Petrowitsch Pawlow zu. Mit seinen Hundeversuchen hat er zu einem guten Verständnis von Beeinflussung verholfen. Zunächst wurden seine Hunde gefüttert und der Speichelfluß beim Anblick des Futters gemessen. Pawlow fütterte dann die Hunde und ließ gleichzeitig zur Fütterung eine Glocke ertönen. Der Reiz des Futters wurde auf diese Weise mit einem Signal verbunden. Mehrere Wochen wurden die Hunde entsprechend behandelt und damit beeinflußt. Pawlow änderte dann die Versuchsanordnung. Er ließ das Glockenzeichen ohne Fütterung ertönen. Die Hunde zeigten beim Glockenzeichen auch dann Speichelfluß, wenn Sie kein Fressen bekamen. Ein »Reflex« war entstanden.

*Pawlowscher Versuch*

Die Verhaltens-Psychologen haben die Experimente des Russen verfolgt und den gesamten Vorgang als »Konditionierung« bezeichnet. Sie können das Experiment sicherlich leicht nachvollziehen. Auch bei Ihnen funktioniert der Reflex hervorragend. Denken Sie mit hungrigem Magen ganz fest an Ihre Lieblingsspeise. Läuft Ihnen da nicht auch »das Wasser im Mund zusammen«? Auch wir Menschen sind konditionierbar.

Was hilft Ihnen diese Erkenntnis? Wenn Sie wissen, daß viele Verhaltensmuster des Menschen durch Konditionierung entstehen, können Sie dieses Wissen positiv nutzen, denn Sie nehmen sich vor, damit Ihrem Schicksal eine positive Wendung zu geben. Sie haben nur immer wieder positive Bilder in das Unterbewußtsein zu tragen, und schon bekommen diese Bilder eine hohe Verwirklichungstendenz. Wenn es Ihnen gelingt, sich mit starken Vorstellungen immer wieder in einen bestimmten Finalzustand hineinzudenken, werden Sie ihn auch erreichen. Verbinden Sie dieses Bild mit dem Gefühl von Freude und tiefer Zufriedenheit, werden Sie dieses lohnende Ziel auch erreichen. Ihre Vorstellung kann Wirklichkeit werden. Erinnern Sie sich, was Sie bereits über die Kraft der Gedanken erkannten.

> **Bieten Sie Ihrem Unterbewußtsein immer wieder positive Bilder an, dann wird sich auch Ihr Zustand positiv verändern.**

**Du bist, was Du denkst.**

*Buddha*

Oscar Schellbach, der Psychologe und Autor des bekannten Buches »Mein Erfolgs-System«, beschreibt die Aufgabe so: »Bei der bewußten Selbstbeeinflussung wird die Aufmerksamkeit solange auf ein inneres Bild gelenkt, bis eine feste Überzeugung, ein Glaube an das, was eintreten soll, empfunden wird. Dieser Glaube kommt ganz von selbst und zwar in dem Maße mehr, wie durch richtige Gedankeneinstellung die Vorstellung kräftiger wird. Es muß also eine ganz bestimmte Vorstellung durch das Denken geschaffen werden, ein absolut naturgetreues, geistiges Bildes dessen, was man wünscht.«

Sie erkennen deutlich, daß es auf Ihre Vorstellungen ankommt, wenn Sie Ihre Selbstbeeinflussung erfolgreich gestalten wollen. Der französische Apotheker Emile Coué entwickelte Techniken der Autosuggestion. Mit der bekannten Formel » Es geht mir von Tag zu Tag in jeder Hinsicht immer besser und besser!« konnte er Einfluß auf die Gesundheit seiner Patienten nehmen. Wichtig war, daß seine Patienten diese Formeln täglich mehrfach und überzeugt aussprachen. Warum lernen wir nicht vom Urvater der Autosuggestion?

**Es geht mir von Tag zu Tag in jeder Hinsicht immer besser und besser!**

*Emile Coué*

Sie erkennen die Bedeutung und die Möglichkeiten der »Konditionierung«. Durch die stete Wiederholung von positiven Formeln können Sie sich in eine positive Richtung lenken. Auf Ihrem Weg zur Mitte nutzen Sie gezielt dieses Wissen. Sie brauchen nur ein starkes, positives Bild Ihres zukünftigen Befindens oder eines gewünschten Endzustandes, und Sie eröffnen sich durch stetes Wiederholen der Wunschvorstellung die Möglichkeit, aus dem Wunsch Wirklichkeit werden zu lassen.

Die bewußte Selbstbeeinflussung kann Ihnen helfen, den Endzustand zu erreichen, den Sie von ganzem Herzen herbeiwünschen. Es ist an Ihnen, diese Erkenntnisse gezielt zu nutzen.

Sie können diese Hilfe der bewußten Einstellung auch im täglichen Leben nutzen, indem Sie sich am Vorabend auf den nächsten Tag vorbereiten. Wenn Sie vor Ihrem geistigen Auge alle Aufgaben sehen und sich intensiv damit beschäftigen, kann Ihr Unterbewußtsein sich mit den Anforderungen bereits nachts auseinandersetzen. Das kann Ihnen helfen, geordnet und gezielt an die kommenden Arbeiten des nächsten Tages zu gehen.

*Nutzen Sie die Möglichkeiten der Konditionierung und bereiten Sie sich mit positiven Formeln auf den nächsten Tag vor.*

Auch die immer wiederkehrende Formel »Heute ist ein schöner Tag. Ich freue mich, daß ich lebe!« ist nichts anderes als eine gezielte Konditionierung. Ganz grundsätzlich kann Ihnen die Selbstprogrammierung helfen, konsequent an Ihrer gewünschten bejahenden Grundhaltung zu arbeiten. Wenn es Ihnen gelingt, sich immer wieder auf ein positives Selbstbild einzustellen, kann diese Vorstellung ebenfalls Wirklichkeit werden. Sie verstärken so mental Ihre bejahende Grundhaltung. Der Weg zu Ihrer Mitte bekommt damit eine hervorragende Grundlage.

**Übung 1**

Nehmen Sie sich Zeit und setzen Sie sich an einen Ort der Ruhe, an dem Sie ungestört einen Wunsch formulieren können. Schreiben Sie diesen als kurz gefaßte Formel auf, am besten in Ihren Kalender. Zum Beispiel: »Ich bin ruhig und gelassen«. Wichtig ist, daß Sie bei der Formulierung einen tiefen Wunsch verspüren. Das Finalbild beschreiben Sie so, als ob es bereits eingetreten wäre. Lesen Sie die Formel laut und konzentriert mindestens zwanzigmal. Ihre Formulierung sollten Sie dann bei geschlossenen Augen noch sechsmal wiederholen. Durch tägliche Übung haben Sie die Chance, Ihren Wunsch zu Ihrer tief verankerten Maxime zu machen. Er kann Wirklichkeit werden.

**Übung 2**

Stellen Sie sich am Morgen vor den Spiegel und lächeln Sie sich dreißig Sekunden an. Sie werden sehen, das Lächeln verstärkt sich in Ihnen. Sie fühlen sich fröhlicher als vorher. Wenn Sie wollen, sagen Sie dazu Ihren Leitspruch für den Tag: »Heute ist ein schöner Tag. Ich freue mich, daß ich lebe!« – Nehmen Sie sich vor, öfters am Tag in einen Spiegel zu schauen und zu lächeln. Ihre Welt wird fröhlicher und reicher!

## Stichwort: Das geistige Auge

Betrachten Sie sich intensiv das folgende Bild und beschäftigen Sie sich mit der dargestellten Person. Über sie soll soviel gesagt werden: Sie ist 33 Jahre alt, verheiratet und hat zwei Kinder. Von Beruf ist sie Sachbearbeiterin bei einer Kosmetikfirma.

Haben Sie sich das Bild auf der folgenden Seite sehr sorgfältig angesehen? Dann wählen Sie bitte die zutreffenden Eigenschaften aus der folgenden Auflistung aus:

- Sie ist geizig.
- Sie denkt logisch.
- Sie ist sympathisch.
- Sie hat Ehrgeiz.
- Sie liebt Kinder.
- Sie ist sportlich.
- Sie kann ein Instrument spielen.
- Sie ist selbstsicher.
- Sie ist kontaktarm.
- Sie ist sparsam.

Sie haben sich intensiv mit der Aufgabe beschäftigt? Haben Sie der Frau bestimmte Eigenschaften zugeordnet? Warum? Sie kennen sie nicht und haben kein Wort mit ihr gewechselt. Es ist aber typisch für uns Menschen. Wir machen uns ein Bild. Es ist ein Teil unserer Wahrnehmung. Daß wir uns so verhalten und nicht anders, hängt damit zusammen, wie **wir** die uns umgebende Welt wahrnehmen.

*A. H. (33 Jahre)*

Wahrnehmung ist eine Sammelbezeichnung für die verschiedenen Sinne, mit denen wir Informationen aus unserer Umwelt aufnehmen. Es ist unser Schicksal, daß wir beim optischen Wahrnehmen ungenau sind. Denken Sie an die in der Ferne zusammenlaufenden Eisenbahnschienen. Sie sind eine Täuschung, die wir nicht korrigieren können. Wie wir Menschen etwas wahrnehmen, ist uns angeboren oder antrainiert. Außerdem hängt unsere Wahrnehmung von unserer inneren Befindlichkeit ab. Wir projizieren unsere eigenen Wünsche und Motivationen in die Betrachtung anderer. Unsere Einstellungen und Erfahrungen behindern uns geradezu, das wahrzunehmen, was wirklich ist. Wir schieben der Wirklichkeit ein Bild unter und glauben, die Wirklichkeit zu erkennen. Es ist eine Form der Fremd- und zugleich Eigensuggestion.

**Wir werden nicht durch die Erinnerung an unsere Vergangenheit weise, sondern durch die Verantwortung für unsere Zukunft.**

*George Bernard Shaw*

Die gezielte Beeinflussung sollen Sie auch noch in einem anderen Zusammenhang erkennen. Versetzen Sie sich in eine Situation, die Sie sehr gut nachvollziehen können: Es ist Freitag der 13., und damit bricht für viele ein Unglückstag an. Am Freitag, den 13. kann nichts klappen. Da muß alles schiefgehen.

Warum eigentlich? Weil dieser Tag von allen zum Pechtag erklärt wurde. Es ist also kein Wunder, daß am Morgen der Toast verbrennt. Der Stau auf dem Weg zur Arbeit und das Zuspätkommen im Büro sind praktisch vorprogrammiert. Selbstverständlich wird es an diesem Tag auch im Büro Schwierigkeiten geben. Wenn Sie Hausfrau sind, wird Ihnen ganz sicher das Essen anbrennen. Es muß so sein, denn es war schon immer so.

Unsinn! Freitag, der 13. ist ein ganz normaler Tag. Nur wir Menschen haben aus diesem Tag etwas gemacht, was er überhaupt nicht ist. Es gibt keinen Grund, von einem Pechtag zu sprechen. Wir Menschen haben uns gegenseitig konditioniert, also gegenseitig negativ programmiert. Und wie Sie wissen, funktioniert eine solche dauernde Negativeinstellung hervorragend. Wir Menschen haben die Vorstellung, daß etwas schiefgehen wird, und mit der Kraft unserer negativen Gedanken schaffen wir es auch. Wir Menschen bestimmen unser Fehlverhalten vor. Mehr noch, wir zwingen uns die Negativerlebnisse geradezu auf. Die Psychologen sprechen von »self-fulfilling prophecy«. Das bedeutet, wir denken uns so in ein Ereignis ein, daß es dann auch tatsächlich eintritt. Dies gilt für eine Negativprogrammierung genauso wie für eine positive. Und wieder treffen Sie auf den Grundsatz: Unsere Vorstellungen werden Wirklichkeit.

**Glücklich, wer den Fehlschluß von seinen Wünschen auf seine Kräfte bald gewahr wird!**

*Johann Wolfgang von Goethe*

Jetzt haben Sie sich mit einer ganzen Reihe von Negativprä-
gungen beschäftigt. Warum drehen Sie diese Überlegungen
nicht zum Positiven? Wenn Sie wissen, wie sehr wir Menschen
mit Bildern und Vorstellungen unsere Wirklichkeit beeinflussen, dann sollten Sie die Chancen nutzen, die sich Ihnen
eröffnen. Mit starken positiven Bildern können wir uns auf
Positives einstellen. Warum stellen wir Menschen uns vor, daß
etwas nicht geht? Warum beginnen wir nicht daran zu denken, wie etwas klappt und wie wir uns dann fühlen? Sie müssen diese Fesseln der negativen Grundprägung abwerfen. Sie
beschließen, ab heute mehr die Chancen zu sehen. Denken
Sie an das bereits früher erwähnte Beispiel mit dem Glas. Sie
haben sich ganz fest vorgenommen, in Zukunft nur noch an
das halb volle und nie mehr das halb leere Glas zu denken. Ihr
fester Wille ist es, grundsätzlich ein Bejahender zu sein.
Immer öfter und schließlich immer!

> **Jeder Mensch muß nach seiner Weise denken; denn
> er findet auf seinem Wege immer ein Wahres oder
> eine Art von Wahrem, die ihm durch Leben hilft.**
> *Johann Wolfgang von Goethe*

Sie nutzen die Chancen der positiven Programmierung. Greifen
Sie Ihren wichtigsten Wunsch heraus und sehen Sie vor Ihrem
geistigen Auge diesen Wunsch als erfüllt. Die Psychologen sprechen vom »aktiven Imaginieren«. Erinnern Sie sich zum Beispiel
an die beschriebenen Prüfungssituationen. Stellen Sie sich vor,
wie Sie erfolgreich eine solche Hürde gemeistert haben. Sehen
Sie sich immer wieder vor Ihrem geistigen Auge in dem Moment
nach der Prüfung. Sie waren erfolgreich und Sie freuen sich von
ganzem Herzen. Dieses Bild führen Sie sich vor Augen. Sie wissen, daß Vorstellung Wirklichkeit werden kann.

**Denken Sie an Ihren größten Wunsch und sehen Sie ihn vor Ihrem geistigen Auge erfüllt.**

Mit Hilfe von gezielter Programmierung arbeiten Sie daran,
eine positive Perspektive für Ihr Leben zu verwirklichen. Sie
sehen sich zum Beispiel zufrieden und glücklich. Sie befreien
sich vom Erfolgsdruck bei der Arbeit und Sie werden lockerer.
Auf diese wertvolle Hilfe sollten Sie nicht verzichten. Vorstel-

lung kann Wirklichkeit werden. Auf Ihrem Weg zur Mitte werden Sie die Chancen und Möglichkeiten der positiven Programmierung nutzen. Sie wissen um die Kraft Ihrer Vorstellungen. Wenn Sie wollen, werden Sie sich erfolgreich und zufrieden denken können.

**Übung 1**

Legen Sie sich bequem hin und versuchen Sie, ganz ruhig zu sein. Schließen Sie Ihre Augen und halten Sie keine Gedanken fest. Rufen Sie jetzt die Farben des Regenbogens vor Ihr geistiges Auge. Konzentrieren Sie sich ganz auf jede Farbe und halten Sie diese Farbe zirka 20 Sekunden fest. Dann erst wechseln Sie zur nächsten Farbe. Gelingt es Ihnen nicht, sich nur die Farbe vorzustellen, helfen Sie sich durch Gegenstände in dieser Farbe, zum Beispiel ein Auto in...

**Übung 2**

Das Imaginieren kann auch durch die Vorstellung von konkreten Formen, Gegenständen und Szenen geübt werden. Nehmen Sie einen Apfel und betrachten Sie ihn intensiv von allen Seiten. Dann schließen Sie die Augen und versuchen, den Apfel vor Ihrem geistigen Auge zu erkennen. Wenn es nicht sofort gelingt, öffnen Sie wieder die Augen und prägen sich erneut die Formen und Farben des Apfels gut ein. Versuchen Sie nach dem Schließen Ihrer Augen, sich den Apfel vorzustellen. Probieren Sie es immer wieder, bis ein plastisches Bild entsteht.

### *Stichwort: Im Hier und Jetzt*

Erwischen Sie sich auch immer wieder beim »Nachhängen«? Sie hängen in Gedanken dem Gespräch mit dem Chef nach. Es ist wie immer: Hinterher fällt Ihnen alles mögliche ein. Nun haben Sie die Argumente parat und ärgern sich über sich selbst. Sie hätten anders handeln sollen.

Szenenwechsel: Sie liegen nachts im Bett und können nicht einschlafen. Sie grübeln nach und kommen »vom Hundertsten ins Tausendste«. Alles scheint verworren und schlimm. Eine Lösung deutet sich nicht an. Schließlich landen Sie wieder bei einer ganz bestimmten Szene. Sie geht Ihnen nicht aus dem Sinn. Sie schwitzen, und die Vorstellung läßt Sie körperlich leiden. Sie scheinen aus diesem Teufelskreis nicht herauszukommen. Am liebsten würden Sie aufstehen und alles gleich richten. Doch schließlich schlafen Sie erschöpft ein. Am nächsten Tag sind Sie völlig erschlagen.

> **Die Nacht entwaffnet erst den Menschen, dann bekämpft sie ihn mit nichtigem Gebild.**
> *Johann Wolfgang von Goethe*

Sie haben bereits sehr viel gelernt über das Unterbewußtsein. Viele Reaktionen hängen direkt vom Unterbewußtsein und den dort gespeicherten Bildern ab. Dabei steigern wir Menschen uns immer wieder in ein Negativerlebnis hinein. Besonders solche Vorstellungen, die mit starken Gefühlen wie Ärger, Wut oder Niedergeschlagenheit verbunden sind, werden tief in uns verankert. Wir haben sie gespeichert, und sie kommen immer wieder unaufgefordert vor unser geistiges Auge.

*Die Bilder aus dem Unterbewußtsein setzen sich immer wieder durch.*

Unser Höhlenmensch vergißt nichts. Er hat ein gutes Gedächtnis und bringt seine Erinnerungen immer wieder unreflektiert, aber mit Kraft auf den Tisch. Er ist stärker, deshalb setzen sich seine Bilder durch.

Sehr oft durchleben wir Menschen eine Situation und plötzlich meldet sich unser Unterbewußtsein. Erinnerungen an eine vergleichbare Situation kommen hoch und entsprechende Gefühle bewegen uns. Im konkreten Fall kann es folgendes bedeuten: Sie betreten das Büro des Chefs und warten auf ihn. Es ist so wie damals, als sich dieses unerfreuliche Kritikgespräch ereignete. Sie werden sofort an dieses Bild erinnert. Ihre Kehle ist wie zugeschnürt, und ein leichter Schweißausbruch läßt sich nicht verhindern. Sie können keinen klaren Gedanken fassen, statt dessen beschäftigen Sie sich intensiv mit den alten Bildern. Und wieder gelingt es Ihnen nicht, die Hürde zu nehmen und sich über dieses Ereignis hinwegzusetzen. Sie fühlen sich schlecht, und Ihr Selbstbewußtsein hat einen Knacks. Wenn jetzt Ihr Chef kommt, werden Sie wieder diesen Kloß im Hals haben und wieder werden Sie sich »schlecht verkaufen«. So sehr sind Sie vom letzten Ereignis geprägt. Es ist typisch. Sie tragen die Erinnerung und die Bilder wie ein schweres Handgepäck mit sich herum.

**Verdrängen Sie negative Vorstellungen durch körperliche und geistige Aktivitäten.**

Als hervorragende Möglichkeit zur Befreiung haben Sie die **Aktion** erkannt. Sie setzen den verneinenden Vorstellungen körperliche und geistige Aktivitäten dagegen. Gleich wenn etwas passiert, das Sie beschäftigt und Ihnen nicht aus dem Sinn geht, sollten Sie aktiv werden. Zum einen bringt Bewegung in frischer Luft eine Chance zum Abreagieren. Schnelles Gehen, Walking, Waldlauf und Radfahren sind dazu bestens geeignet. Sie schaffen sich den momentanen Frust gleich vom Leib. »Weg damit und aus und vorbei!«, das ist Ihr Motto. Sie wollen auf zu neuen Ufern. Falls dies in freier Natur nicht möglich ist, bieten heute zahlreiche Fitneßzentren die vielfältigsten Workout-Möglichkeiten.

> **Mens sana in corpore sano sit.**
> **Ein gesunder Geist möge in einem gesunden**
> **Körper wohnen.**
>
> *Decius Junius Juvenal*

Dem körperlichen Abreagieren sollte immer eine geistige Auseinandersetzung mit der Situation folgen. Setzen Sie starke positive Bilder gegen die negativen Erfahrungen. Verarbeiten Sie die Situation gründlich. Konditionieren Sie sich mit der Kraft positiver Gedanken.

Ihre bejahende Einstellung bewahrt Sie vor einem Circulus vitiosus. Sie wissen vom Auf in der Achterbahn, das dem Ab folgt. Es gelingt Ihnen, schwierigen Situationen einen Lerneffekt abzugewinnen. Im konkreten Fall des Chefs werden Sie in Gedanken üben, anders und souverän mit der Situation umzugehen. Sie sehen sich vor Ihrem geistigen Auge die entsprechende Situation erfolgreich bestehen. Es gelingt Ihnen souverän, Ihre Leistungen darzulegen, und Ihr Chef ist von Ihnen

begeistert. Wann immer Sie wieder in Gedanken in die gleiche Lage geraten, setzen Sie sofort die gleichen optimalen Vorstellungen dagegen. Sie wissen um die Kraft der positiven Gedanken und nutzen die Möglichkeiten positiver Programmierung. Sie bieten Ihrem Höhlenmenschen ein starkes positives Bild, und er ist zufrieden.

*Bieten Sie Ihrem Unterbewußtsein starke positive Bilder.*

Besonders wichtig ist es, negative Erlebnisse zuzulassen. Selbstverständlich machen Sie Fehler und versagen hin und wieder. Aber es wird Sie nicht verunsichern. Statt dessen beschließen Sie, aus Fehlern und Versagen zu lernen. Zugleich aber wissen Sie, daß Sie diese Erfahrungen auch hinter sich zu lassen haben. Vorbei ist vorbei. Über Vergangenes nachzugrübeln ist verlorene Zeit. Ihr Blick ist fest nach vorn gerichtet.

**Man muß die Zukunft im Sinn haben und die Vergangenheit in den Akten.**

*Charles Maurice Talleyrand*

Zudem können und müssen Sie lernen, Gefühle zuzulassen. Sie sollen und müssen mit den negativen Gefühlen leben. Ständig werden diese Sie übermannen. Aber Sie haben ein Rezept: Aktivität und Umprogrammierung. Wenn Sie Ärger verspüren, dann hinaus in den Wald oder Park. Ein Schrei der Befreiung kann Ihnen helfen. Vielleicht reicht es, einfach nur in die Hände zu klatschen, um Reaktion zu zeigen und damit gleichzeitig einen Schlußstrich zu ziehen. Sie leben mit Ihren Gefühlen und wissen, daß Sie nichts von Ihrem Weg abbringen kann. In Zukunft soll es für Sie selbstverständlich sein, mit Ihren Gefühlen ehrlich umzugehen. Dies gilt auch für große Freude, starke Trauer und Traurigkeit.

**Fehler pflegen uns, so wie Körper im Nebel, im Zorn größer vorzukommen.**

*Plutarch*

Grenzerfahrungen prägen unser aller Leben. Sie sind die wirklich starken Herausforderungen für uns Menschen. Ein Gespräch mögen Sie zwar in dem Moment, in dem es stattfindet, für wichtig und entscheidend halten, aber es ist es nicht. In aller Regel wird es im Lauf der Zeit an Bedeutung verlieren. Sie brauchen nur auf den Kirchturm zu klettern oder in ein Flugzeug zu steigen, dann wird alles gegenwärtig Drängende klein und verliert an Bedeutung. Gefordert sind Sie durch Grenzerfahrungen wie Tod eines Nahestehenden, Krankheit, Arbeitslosigkeit oder finanzielle Not. Dann sind Sie aufgerufen nicht zu resignieren, sondern Grenzen anzunehmen. Dann bewährt sich Ihre innere Ruhe und Ihre Ausgeglichenheit. Die bejahende Grundhaltung läßt Sie ein solches Ereignis annehmen als Teil des Lebens. Aus einer Position mentaler Stärke heraus werden Sie auch diese Herausforderungen meistern.

*Innere Ruhe und Ausgeglichenheit bewähren sich vor allem in Grenzsituationen.*

**Habe keine Angst davor, daß Dein Leben eines Tages endet. Fürchte lieber, daß Du versäumst, es richtig zu beginnen.**

*Kardinal Newman*

Mit Ihrem Selbstverständnis eines in sich ruhenden Menschen können Sie auch Trauer und Vergänglichkeit zulassen. Krankheit und unvorhergesehene Nöte erleben Sie als schwierige Situation. Gerade dann aber erweist sich Ihre innere Stärke. Denn Sie wissen, Sie werden auch diese Situation meistern. Sie wissen um Ihre Kraft und um Ihre Motivation. Sie sind bereit, aktiv mit Ihrem Leben umzugehen. Es gibt immer einen Weg. Auch wenn sich plötzlich eine Mauer aufbaut. Laufen Sie darauf zu, dann erkennen Sie in der Mauer eine Tür. Und auch am Ende des dunklen Tunnels wird es wieder hell. Die Erfahrung, daß es weitergeht, daß die Sonne wieder aufgeht, das ist Ihre Perspektive und Ihre Stärke.

**Verachte nicht den Tod, sondern befreunde Dich mit ihm, da auch er eines von den Dingen ist, die die Natur will.**

*Marc Aurel*

Sie gehen immer auf Grenzen zu. Deshalb lernen Sie, mit den Grenzen zu leben. Auch und gerade im Wissen um die letzte Grenze, im Wissen um den eigenen Tod, eröffnen sich die Möglichkeiten der Gegenwart um so stärker.

Tod ist Sinnbild der Vergänglichkeit. Hier ist die November-erfahrung angesprochen. Wenn Sie an den November denken, haben Sie sofort das Bild eines grauen und diesigen Spätherbsttages vor Augen. Fröstelnd und leer, tief versunken in Gedanken an Abschied und Vergehen sehen Sie sich in einer Umgebung, die Vergänglichkeit ausstrahlt. Erinnerungen an den Tod eines nahestehenden Menschen, berufliche Schwierigkeiten und familiäre Konflikte kommen Ihnen in den Sinn. Aber gerade in solchen November-Situationen soll die Vergänglichkeit angenommen und das Jetzt gelebt werden. Auch im nebligen Grau des Herbstes bieten sich die herrlichen Farben der vergilbenden Blätter. Sie zeigen, daß auch das Spätjahr als Höhepunkt erlebt werden kann. Auch diese Phase des Jahres ist wertvoll. Auch im Herbst ist jeder Tag wichtig und sollte intensiv gelebt werden.

Auch im Herbst des Lebens ist jeder Tag wichtig.

Katherina Kasper sagte gerade im Angesicht der Vergänglichkeit: »Machen wir einen guten Gebrauch von der kurzen Spanne Zeit, die so schnell vergeht und hineilt in die Ewigkeit.« Gerade die November-Situation sollte uns zum Jetzt zurückführen. Die Sonne geht immer wieder auf. Im November bleibt sie zwar oft hinter den Wolken verborgen. Aber sie ist da – immer und jeden Tag neu. Die Sonne sollte unser Symbol für das Leben, das aktive und intensive Leben sein.

**Untergehn und nicht vergehn ist der Sonne Eigenschaft.**

*Friedrich von Logau*

Erkennen Sie Grenzerfahrungen als zum Leben gehörig an. Sie dürfen jedenfalls nicht zu Entmutigung und Depression führen. Statt dessen werden Sie zu lernen haben, mit dem Vergehen zu leben. Das Kommen und Gehen gehört zu unserem Leben. In jedem Ende ist wieder ein Anfang. Herbst ist das wunderschöne Sterben des reifen Sommers, und wir alle sind ganz sicher, bald wieder die Geburt eines prachtvollen Frühlings zu erleben. Die Griechen sagen »panta rhei«, und das bedeutet »alles fließt«. Das Seiende ist dauernden Veränderungen von Entstehen und Vergehen unterworfen. Hier ist der Tod, und dort ist die Geburt. Erkennen Sie die Selbstverständlichkeit dieses steten Kommens und Gehens. Marc Aurel setzt im Vergehen deutliche Zeichen von Zukunft und Hoffnung.

**Was nämlich Jungsein ist, Altern, Wachsen und Reifen, Zähne-, Bart- und Graue-Haare-Bekommen, was Zeugen und Schwangerwerden und Gebären und die übrigen natürlichen Tätigkeiten, die deines Lebens Jahreszeiten bringen, dies ist auch das Sichauflösen. Das nun entspricht einem verständigen Menschen, daß er sich nicht gleichgültig, nicht vordrängend, nicht abschätzig gegenüber dem Sterben zeigt, sondern daß er es als eine natürliche Tätigkeit erwartet. Und wie du jetzt darauf wartest, wann das Kind aus dem Leib der Frau herauskommt, so harre auf die Stunde, in der deine Seele aus dieser Hülle herausfallen wird.**

*Marc Aurel*

Sie verstehen jetzt noch deutlicher, warum wir Menschen aufgefordert sind, im Hier und Jetzt zu leben. Wir alle haben die

Chance, den Reichtum des Momentes zu leben. Auch Sie sollten sich immer wieder klarmachen, wie wichtig das Jetzt ist. Mit der Kraft Ihrer Gedanken können Sie das Jetzt optimal ausgestalten. Sie erkennen, wie wesentlich es ist, daß Sie Ihr Glas noch als halb voll beschreiben. Sie wollen nicht mehr trüben Gedanken nachhängen. Sie lassen Vergangenes hinter sich. Ihre Grundeinstellung wird sein, daß Sie Vergangenes auch vorbei sein lassen wollen und können.

Sie werden aber auch nicht in uferlose Zukunftsgrübelei verfallen. Auch dies kann Sie vom Jetzt abhalten. Selbstverständlich kann und muß die Sorge um das Morgen, darf die Vorsorge einen wichtigen Platz in Ihrem Leben einnehmen. Gerade in jungen Jahren sollte die Zukunftssicherung ernstgenommen werden. Und auch später wird es nie falsch sein, sich auf das Morgen oder nur auf den nächsten Tag sinnvoll vorzubereiten. Was aber schädlich ist und zu negativem Konditionieren führt, ist das ständige Grübeln. Die Zeitungen und die Fernsehkommentare sind voll von negativen Zukunftsbildern. Sie werden sich diesen nicht anschließen oder sich darin gar verlieren. Ganz im Gegenteil dazu gehen Sie optimistisch in die Zukunft.

> Ein gewisses Maß an Vorsorge ist wichtig, aber verfallen Sie nicht in uferlose Zukunftsgrübelei.

**Übe Dich auch in den Dingen, an denen Du verzweifelst. Denn auch die linke Hand, die zu den übrigen Dingen aus Mangel an Übung ungeschickt ist, hält die Zügel fester als die rechte; denn darin ist sie geübt.**

*Marc Aurel*

Sie wissen um schwierige Phasen und Hindernisse. Dennoch werden Sie sich nicht von Ihrem Weg abbringen lassen. Sie sind überzeugt, daß Sie mit Ihrer positiven Grundhaltung auch morgen bestehen werden. Die Stärke, die aus Ihrem Unterbewußtsein wächst, läßt Sie gelassen in die Zukunft gehen. Sie wissen um Ihre Möglichkeiten. Auch in einer schwierigen Situation gleich morgen werden Sie sich zurechtfinden. Grenzerfahrungen gehören zum Leben. Sie sollen eine solche Erfahrung annehmen. Es gilt, etwas geschehen zu lassen, Trauer zum Beispiel anzunehmen. Zugleich soll Ihnen deutlich werden, daß gerade in schwierigen Lebenslagen die grundsätzlich bejahende Einstellung hilft, mit einer solchen Situation fertig zu werden. Sie nehmen das Leben an und verarbeiten Erfahrungen. Die innere Ruhe und die mentale Stärke werden Ihnen Kraft geben, jede Situation zu bewältigen. Als Voraussetzung halten Sie an Ihrer bejahenden Grundhaltung fest. Sie ist das Rüstzeug für den rauhen Alltag.

**Nicht lange, sondern genug zu leben,
sei unsere Sorge.**

*Lucius Annaeus Seneca*

Und noch etwas sollten Sie berücksichtigen: Lachen ist gesund! Diese Allerweltsweisheit wird seit den sechziger Jahren in Amerika wissenschaftlich untersucht. Norman Cousins, der an Spondylarthritis litt, führte Lachtherapie an sich selbst konsequent und schließlich erfolgreich durch. Immunologen und Neurologen begannen die komplexen Zusammenhänge zu entschlüsseln. Lachen, so ihr Ergebnis, stimuliert das Immunsystem.

*Lachen Sie häufig, das stärkt Ihr Immunsystem.*

In der Zwischenzeit haben sich auch deutsche Wissenschaftler der Lachforschung angenommen. Die Lachtherapie wird zum Beispiel in Krebsstationen des Klinikums Berlin-Buch systematisch mit großem Erfolg eingesetzt. Warum sollten wir nicht diese geballte Wissenschaft nutzen? Sie wissen um die große Hilfe durchs Lachen. Also nutzen Sie die Erkenntnisse, nicht nur wegen des Immunsystems, sondern weil das Lachen auch Glückshormone freisetzt. Slapstickfilme können uns befreit auflachen lassen, unser Tag wird fröhlicher, und wir fühlen uns besser.

Sie wissen es jetzt ganz genau. Ihre Gedanken sind Kräfte. Mit der Kraft der positiven Gedanken werden Sie eine bejahende Grundhaltung schaffen. Sie haben beschlossen, sich immer wieder die Chancen und Möglichkeiten vor Augen zu führen. Wie viel schöner ist das Leben, wenn Sie mit positiven Gedanken durch Ihr Leben gehen. Der Tag wird ein schöner Tag, wenn Sie sich am Morgen entsprechend programmieren. Angst und Streß sind zu meistern. Negative oder fehlgeleitete Vorstellungen können ausgeglichen und positiviert werden. Schwierigkeiten werden Sie nicht verunsichern, sondern werden zum selbstverständlichen Bestandteil Ihres Lebens. Sie haben beschlossen, daß Sie im Hier und Jetzt leben. Sie machen das beste aus jeder Situation. Sie genießen den Moment, wann immer es eine Chance gibt, den Moment zu genießen.

Das kann ein Sonnenaufgang, ein schönes Bild, ein Lächeln oder ein toller Gedanke sein. Sie konzentrieren sich auf das, was gerade eben passiert. Auf Ihrem Weg zur Mitte werden Sie sich den Luxus des Augenblicks gönnen. Sie wissen um das Morgen, aber Sie verwöhnen sich heute und Sie sind gerade heute nett zu sich und anderen.

**Übung 1**

Wenn Sie wieder einmal Angst vor Tod oder Sterben haben, beschäftigen Sie sich mit dem Spruch von Epikur und werden Sie sich klar über die Gedanken, die Sie bewegen und tief aus Ihnen herausdrängen:

> **»Wer verkündet, der junge Mensch müsse ein schönes Leben haben, der alte Mensch aber brauche einen schönen Tod, der ist albern, und zwar nicht nur, weil das Leben stets erwünscht ist, sondern auch darum, weil die Übung eines schönen Lebens gleichbedeutend ist mit der Vorübung für ein schönes Sterben.«**
>
> *Epikur*

Lesen Sie dann einfach noch einmal den Absatz über die Grenzerfahrungen durch und besinnen Sie sich auf die bejahende Grundhaltung. Sie bedeutet auch, geschehen zu lassen.

**Übung 2**

> Heute beschließen Sie, sich zu verwöhnen. Kaufen Sie sich ein schönes Tuch oder eine witzige Krawatte. Gehen Sie mal wieder ins Kino. Oder legen Sie sich in ein duftendes Schaumbad. Sicher haben Sie noch viele weitere Ideen, was Ihnen gut tun könnte.

**Übung 3**

> Wenn Sie wieder einmal in einer schwierigen Situation sind und Sie fangen an zu grübeln: Stellen Sie sich ein Stoppbild vor und sagen laut: »Stopp!« Und sofort fangen Sie an, sich wieder mit positiven Gedanken zu beschäftigen.

## Stichwort: Entspannung

Warum folgt Überlegungen zu Grenzen und Eigenmotivation ein Kapitel zur Entspannung? Die Entspannung ist eine entscheidende Hilfe zur optimalen Umsetzung unserer Eigenprogrammierung. Wenn Sie positive Gedanken in Ihr Unterbewußtsein einlagern wollen, dann ist eine tiefe Entspannung eine wesentliche Voraussetzung. Aus Entspannung heraus kann der Mensch viel erreichen. Nehmen wir als Beispiel die Universitätsklinik Konstanz. Dort hat der Arzt Dr. Bongartz eine Methode entwickelt, wie er über Suggestionsverfahren körperliche Prozesse beeinflussen kann. Eine entscheidende Grundlage dafür ist die Entspannung. Aus einer tiefen Gelöstheit heraus durchläuft ein Patient eine Psychotherapie, mit der spektakuläre Erfolge erzielt wurden. Sogar Fälle von hartnäckigen Hauterkrankungen, wie z. B. Neurodermitis, wurden gebessert. Die Patienten wurden auf eine Reise geschickt und zu einem anderen Ich geführt. Wesentlich für die Therapie ist, daß der Betroffene sich selbst hilft, indem er tief verborgene Kräfte mobilisiert.

Auch andere Wissenschaftler nutzen die Entspannung zur Stärkung des Immunsystems. Prof. Schmoll von der Medizini-

*Eine tiefe Entspannung ist die wesentliche Voraussetzung, um positive Gedanken ins Unterbewußtsein einzulagern.*

schen Hochschule Hannover läßt Brustkrebspatientinnen zehn Wochen lang Entspannungstechniken trainieren. Schon nach zehn Tagen hat sich die Aktivität der natürlichen Killerzellen erhöht. Angst und Streß konnten weniger Einfluß auf das Immunsystem nehmen.

Sie erkennen jetzt die grundlegende Bedeutung der Entspannung. Sie bedeutet vor allem Loslassen und Gehenlassen. Lernen Sie, sich aus dem Alltag und aus der Umgebung zu lösen. All die Hektik, die Sie ständig umgibt, sollen Sie ausschalten. Völlig überspannte Menschen prägen unser Zeitbild. Es sind übernervöse Menschen, die ständig »unter Strom stehen«.

*Entspannung bedeutet, sich aus der Hektik des Alltags zu lösen.*

Kommen dann besondere Anforderungen auf solche Menschen zu, reagieren sie mit Streßzeichen oder Angstsymptomen. Verkrampfung und Verspannung sind die Folge. Zu oft bekämpft der Betroffene seine Störungen mit Ablenkung, wobei eine Form der Ablenkung die Arbeitswut ist. Ein moderner »Workaholic« ist nichts anderes als einer, der seinen Mangel an Entspannung und innerer Ruhe durch noch mehr Arbeit kompensiert. Er versucht, verschiedene negative oder fehlgeleitete Vorstellungen zu verdrängen. Die hohe Zahl an Fällen mit psychischen und psychovegetativen Störungen muß alarmieren. Experten sprechen von bis zu 70 Prozent der Bevölkerung in den hochindustrialisierten Staaten wie zum Beispiel USA, Großbritannien oder Deutschland.

**Wir haben nicht zu wenig Zeit, aber wir verschwenden zuviel davon.**

*Lucius Annaeus Seneca*

Dabei sind Spannung wie Entspannung natürliche Vorgänge. Nur leider erfahren wir Menschen mehr Anspannung als Entspannung.

Erst wenn es Ihnen gelingt, auch auf der seelischen Ebene zu entspannen, sind Sie einen großen Schritt auf dem Weg zu Ihrer Mitte vorangekommen. Es muß Ihnen gelingen, all die drängenden und ständig treibenden Gedanken zu verbannen. Sie haben zu lernen, im positiven Sinn ein Egoist zu werden. Es wird Ihnen mit einiger Übung immer besser gelingen, aus einer Situation der Entspannung heraus belastende Gedanken wie Wolken zu betrachten und sie einfach weiterziehen zu lassen. Destruktive Gedanken und Gefühle können Sie auch wie einen Handschuh empfinden, den Sie einfach abstreifen. Sie machen sich frei, um offen zu sein für positive Gedanken und eine positive Programmierung. Dabei läßt sich geistige nicht von körperlicher Entspannung trennen. Aus der bewußten körperlichen Entspannung heraus können geistig-seelische Hemmnisse gelöst werden. In einem Zustand des körperlichen Gelöstseins wird es

*Suchen Sie nach dem ausgewogenen Miteinander von Verstand und Gefühl.*

viel leichter möglich, gezielt an der geistigen Entspannung zu arbeiten. Ein Zustand der heiteren Gelassenheit oder der frohen Dynamik ist Ihr nächstes Ziel. Die Sprache unserer Zeit bezeichnet den Zustand so: »Sie wollen gut drauf sein«. Kopf und Bauch sollen eine Einheit bilden. Sie suchen nach dem ausgewogenen Miteinander von Verstand und Gefühl. Sie nehmen Ihren Höhlenmenschen an der Hand und lächeln.

Wesentlich wird es, daß Sie lernen, sich auf das Entspannen zu konzentrieren. Dazu brauchen Sie zunächst die Fähigkeit, sich aktiv auf das Entspannen einzustellen. Voraussetzung dafür ist, sich aus der Ist-Situation zu lösen. Nichts ist dann mehr wichtig. Nur noch **Ihre** Entspannung zählt. Sie setzen der Spannung die gezielte Entspannung entgegen, auch wenn die ersten Schritte dazu schwer fallen.

**Mut steht am Anfang des Handelns, Glück am Ende.**

*Demokrit*

In vielen Kulturen sind mannigfaltige Entspannungsmethoden entwickelt worden, und auch der aktuelle Gesundheitsmarkt hat die Entspannung entdeckt. Mit Psychokinesiologie oder Sexual Healing sind gerade die neusten Trends kreiert worden. Es gibt mannigfaltige Methoden, um das Wechselspiel zwischen Spannung und Ruhe wieder zu harmonisieren. Von der Atemtherapie über Zen-Meditationen, Feldenkrais, Bioenergetik, Shiatsu, Qigong bis Yoga reichen die Hilfen.

Besonders herausstellen möchte ich die Progressive Muskelentspannung nach Jacobson und das autogene Training von Schultz. Beide Methoden eignen sich hervorragend, um zunächst eine ausreichende Entspannung zu entwickeln. Zugleich kann durch beide Methoden eine so tiefe Entspannung erreicht werden, daß ein Übergang zur aktiven Programmierung möglich wird. Ziel ist eine seelisch-geistige Beruhigung und Ausgeglichenheit, wie sie sich beispielsweise nach einem Saunagang einstellt. Durch die regelmäßige Anwendung von Tiefenentspannungsübungen wird der Übende langsam zu einem ruhigeren Leben geführt. Schwierige Lebenssituationen werden dadurch weniger hart empfunden und Streßsituationen besser gemeistert. Allerdings brauchen solche Entspannungsübungen einige Zeit, bis sie richtig entwickelt werden können. Sie brauchen deshalb zunächst einmal Geduld. Mit Geduld und durch häufige Anwendung gelingt die Entspannung immer besser und intensiver.

Die Progressive Muskelentspannung und das autogene Training sind hervorragende Entspannungsmethoden.

**»Gib meinen guten Entschlüssen Kraft« ist eine Bitte, die im Vaterunser stehen könnte.**

*Georg Christoph Lichtenberg*

Es gibt einen weiteren Grund, warum Sie sich mit der Tiefen-entspannung beschäftigen. Im Zustand der Tiefenentspan-nung eröffnet sich Ihnen ein Zugang zu Ihrem Unterbewußt-sein. Über das bewußte Beeinflussen des Unterbewußtseins gelingt es Ihnen, Blockaden aus der Vergangenheit zu lösen, positive Bilder ins Unterbewußtsein einzulagern und negative Bilder damit auszugleichen. Ihr Gehirn produziert Wellen mit unterschiedlicher Struktur. Im Zustand des Schlafs werden sogenannte Delta- und Theta-Wellen produziert. Beim Ein-schlafen und im Zustand der tiefen Entspannung erzeugt unser Gehirn die Alpha-Wellen (über 7 Hz).

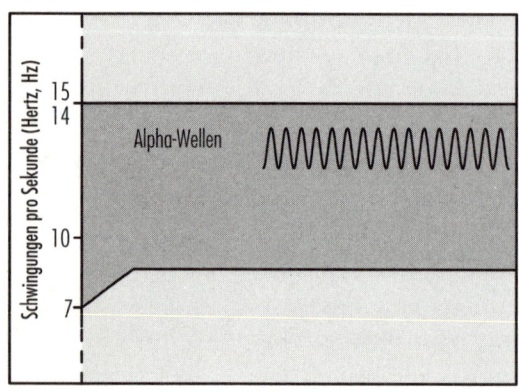

Forscher haben herausgefunden, daß im Alpha-Zustand ein Zugang zum Unterbewußtsein möglich ist. Wollen Sie also positive Gedanken einlagern und sich positiv program-mieren, müssen Sie lernen, den Zustand der Entspannung zu nut-zen. Autosuggestion wird möglich. Sie speichern starke Vorstellungen oder hilfreiche Bilder in Ihrem Unterbewußtsein, und Vorstellung kann Wirklichkeit werden. Erin-nern Sie sich an den Satz von Coué: »Es geht mir von Tag zu Tag in jeder Hinsicht besser und besser«?

*Alpha-Wellen cha-rakterisieren den Zustand des Ein-schlafens und der Entspannung.*

Sie haben die Chance, diesen Satz ins Unterbewußtsein zu transportieren. Im Zustand der Tiefenentspannung gelingt es Ihnen ganz von selbst.

**Vom Ziel haben viele Menschen einen Begriff, nur möchten sie es gern schlendernd auf irrgänglichen Promenaden erreichen.**

*Johann Wolfgang von Goethe*

Zugleich ist eine gezielte Entspannung die geistig-seelische Voraussetzung für eine bejahende Grundhaltung. Die ist Ihnen wichtig geworden, denn sie ist die Basis für Ihren Weg zur Mitte. Sie wollen eine positive, eine bejahende und optimistische Einstellung. Dazu brauchen Sie die physische und mentale Lockerung. Und dies geschieht über das aktive Loslassen der aktuellen Situation und eine intensive Konzentration auf sich selbst. Sie treten aus dem Alltagstrubel und den Spannungen heraus. Sie entspannen. Sie besinnen sich auf das, was für Sie wesentlich ist. Dann gelingt es Ihnen auch, sich gezielt auf bestimmte Sachverhalte einzustellen und mit sich umzugehen. Dann können Sie die Kraft Ihrer Gedanken gezielt einsetzen. Als Grundlage werden Sie sich so oft wie möglich intensiv entspannen. Aus solcher Entspannung entwickeln Sie sich immer wieder die Kraft für eine bejahende Grundhaltung und einen gezielten Umgang mit Ihrem Unterbewußtsein. Sie wollen Ihr Unterbewußtsein positiv beeinflussen. Denn Sie haben den festen Willen, konsequent den Weg zur Mitte zu gehen.

---

**Übung 1**

Gönnen Sie sich so oft wie möglich ein entspannendes Bad, legen Sie sich in ein angenehm temperiertes Wasser. Vielleicht verwenden Sie einige Badezusätze wie Lavendel oder Melisse. Hören Sie eine entspannende Musik, z. B. Beethovens »Mondscheinsonate«, Bachs »Air« oder von Kitaro »Silk Road«. Wesentlich ist, daß Sie abschalten und sich nur noch auf Ihre Entspannung konzentrieren.

---

**Übung 2**

Wenn Sie in einer besonders hektischen Situation sind, schalten Sie bewußt ab. Oft hilft es, die Augen zu schließen, mehrfach langsam von zwanzig bis eins zu zählen und sich dabei jeweils die Zahlen deutlich vorzustellen. Sie können auch die Ohren von oben nach unten abgreifen oder mit dem kleinen Finger an der Stirnspitze kreisen.

**Übung 3**

> Genießen Sie einen Sonnenuntergang, einen Blick aufs Meer oder das Tanzen der Schneeflocken. Es sind hervorragende Momente, die Sie zur Entspannung nutzen können. Lassen Sie Ihre Gedanken weiterziehen und konzentrieren Sie sich ganz auf das, was Sie sehen. Spüren Sie die Ruhe. Erleben Sie die Schönheit der Natur und empfinden Sie sich als eins mit ihr. Atmen Sie tief ein und hörbar aus. Lächeln Sie bewußt, und langsam stellt sich tiefe Freude ein.

## Stichwort: Aufgaben

Mein Wahlspruch lautet: Immer bereit sein, zu lernen! Nach einiger Zeit und vielen Rückschlägen wurde mir klar, daß das Leben ein einziger Lernprozeß ist. Wir lernen aktiv oder passiv. Passiv lernen bedeutet durch Leid lernen. Aktiv lernen bedeutet, sich stets weiterzuentwickeln und offen zu sein für Neues. Das hat auf keinen Fall etwas mit dem Alter oder mit dem Intellekt zu tun. Ganz im Gegenteil gibt es viel zuviele, die in jungen Jahren bereits aufhören zu lernen. Sie glauben, in den Schulen genug gelernt zu haben und vom intellektuellen Fett leben zu können. Ein für allemal soll ein mühsames Aneignen von Kenntnissen verbannt werden. Dabei ist ein ganz anderes Lernen gemeint. Die Jahresringe der Erfahrung sollen aktiv erarbeitet werden. Lernen werden wir deshalb bis ins hohe Alter. Wer nicht bereit ist, dies aktiv zu tun, wird es passiv tun müssen. Tätiges Lernen setzt Wißbegierde voraus, und diese zu pflegen, soll Ihr Bestreben sein. Sie wollen Ihr Wissen und Ihre Erfahrung erweitern. Neues und Hilfreiches gilt es zu erkunden.

**Überhaupt lernt niemand etwas durch bloßes Anhören, und wer sich in gewissen Dingen nicht selbst tätig bemüht, weiß die Sachen nur oberflächlich.**

*Johann Wolfgang von Goethe*

Wenn Sie sich mit dem Leben und mit seinen täglichen Anforderungen auseinandersetzen, werden Sie ständig mit Sachzwängen konfrontiert. »Das muß gemacht werden« ist ein Satz, den Sie oft hören und genauso oft verwenden. Auf dem Weg zur Mitte haben Sie jedoch beschlossen, das Leben so zu nehmen, wie es ist, und aktiv damit umzugehen. Sie wollen sogar mit den tiefgreifenden Veränderungen leben, auch wenn deren Sinn sich Ihnen nicht immer erschließt. Sie müssen deshalb nicht alles hinnehmen und sich nicht jedem vermeintlichen Zwang beugen. Sie haben auch eine kritische Distanz zu jedem Vorgang. Sie fragen, ob er Ihnen nützt und ob er Ihnen hilft. Sie haben Ihre Ziele und Ihren Weg.

>»Bruder, ich habe die Menschen gesehen, ihre
>Bienensorgen und ihre Riesenprojekte, ihre Götter-
>pläne und ihre Mäusegeschäfte, das wunderseltsame
>Wettrennen nach Glückseligkeit – dieser dem
>Schwung seines Rosses anvertraut, ein anderer der
>Nase seines Esels, ein dritter seinen eigenen Beinen –
>dieses bunte Lotto des Lebens, worein so mancher
>seine Unschuld und seinen Himmel setzt, einen Tref-
>fer zu haschen. Und Nullen sind der Auszug.«
>
> *Friedrich von Schiller*

Aktiv lernen bedeutet auch, Lebenssituationen anzunehmen und mit ihnen umzugehen. Dabei sind Sie sich der Gegenwart Ihrer Gefühle bewußt. Es darf Wut, Trauer, Ärger und auch große Freude geben. Sie haben damit umzugehen. Es darf nicht bei dem Erlebnis des Negativen bleiben. Fragen Sie, was das Leben Ihnen in jeder einzelnen Lebenslage sagen will. Verstehen Sie die sich ständig ändernden Umfeldbedingungen und die auftretenden Schwierigkeiten als eine Aufforderung zum aktiven Lernen.

Aktiv lernen bedeutet, mit den sich ständig ändernden Lebenssituationen umzugehen.

>Beachte einmal die Dinge von einer anderen Seite,
>als Du sie bisher sahst; denn das heißt ein neues
>Leben beginnen.
>
> *Marc Aurel*

Sie dürfen nicht nur die negativen Gefühle zulassen. Sie lernen auch, die positiven Gefühle auszuleben. Sie dürfen sich freuen und sollen lachen. Wie wohl tun Freudentränen. Sie sind Balsam für die Seele. Sie wollen die umfassende Zuwendung zum Bejahen und Zustimmen. Das gilt auch für den Umgang mit sich selbst und mit Ihrem Unterbewußtsein. Wenn Sie beschließen, besser mit sich umzugehen, werden Sie glücklicher, und Ihr Leben wird reicher. Ihre Einstellungen und Vorstellungen sind Schlüssel für die Türen in den Mauern. Sie können versuchen, diese mit Wut einzurennen. Sie können probieren, sie zu übersteigen. Beides führt selten zum Erfolg. Mauern können abgebaut werden oder Türen öffnen sich.

Aus einer Situation des Erkennens heraus bauen Sie sich auf. Sie wissen um die Stärke von Gedanken und nutzen die entsprechende Kraft. Sie ordnen Ihr Leben auf die Mitte hin. Sie setzen bewußt Ihre mentale Stärke ein! Von besonderer Bedeutung ist dabei Ihr Wille. Was nutzen alle Erkenntnisse um die mentale Stärke, wenn Sie nicht jeden Tag auch den festen Willen haben. Es bedarf einiger Motivation, den »inneren Schweinehund« zu überwinden und den neuen Weg aktiv zu leben. Sie

*Ihre Einstellungen und Vorstellungen sind die Schlüssel für jedes Hindernis.*

erkennen, wie wichtig Ihr Wille dazu ist.

**Ich will. Das Wort ist mächtig, spricht's einer ernst und still. Die Sterne reißt's vom Himmel, das eine Wort: Ich will.**

*Johann Wolfgang von Goethe*

Sie haben das Recht und die Pflicht, sich intensiver mit sich selbst auseinanderzusetzen. Ein entscheidender Schritt dazu ist, sich selbst so anzunehmen, wie Sie sind. Ohne Wenn und

Aber stehen Sie zu sich. Als wesentlichen Schritt auf dem Weg zur Mitte haben Sie erkannt, wie wichtig es ist, sich selbst zu lieben. Nur, wer sich selbst liebt, ist auch fähig, andere zu lieben. Deshalb beginnen Sie, sich so anzunehmen wie Sie sind. Gewinnen Sie sich Positives ab und bauen Sie sich selbst auf. Sehen Sie sich als Ganzes und fühlen Sie sich als wichtigen Teil des Universums.

**Ich liebe mich!**

*Ihr Motto*

Als Kind haben Sie vielleicht auch den Vers gelernt: » Wenn Du denkst, es geht nicht mehr, kommt von irgendwo ein Lichtlein her«. Er stimmt heute mehr denn je. Denn dahinter steht die Erkenntnis, daß es immer einen Weg auch aus schwierigsten Situationen gibt. Lösungen finden sich immer zuerst in den Gedanken. Der Gedanke ist der Vater des Handelns, so haben Sie gelesen. Sie wissen um die Kraft der Gedanken. Vertrauen Sie darauf und verlassen Sie sich auf sich. Oft wird Ihnen die Intuition den rechten Weg weisen.

*Selbst aus schwierigen Situationen gibt es immer einen Ausweg.*

Mit Absicht verwende ich nicht das Wort »Problem«. Wörtlich übersetzt bedeutet es »das Vorgelegte«. Immer steckt etwas Ungewisses in der Verwendung des Wortes. Etwas wird problematisch und damit fragwürdig, zweifelhaft und nicht entschieden. Es hat etwas mit Verdrängung zu tun, und das wollen Sie auf keinen Fall. Sie wollen die Schwierigkeiten annehmen und damit umgehen. Oft braucht es dazu Zeit und Konzentration. Sie wissen, daß viele Lösungen überraschend leicht kommen, wenn Sie nur »eine Nacht darüber schlafen«. Die Intuition und die gewachsene Erfahrung werden mobilisiert. Hilfen kommen.

**Ich vertraue auf mich!**

*Ihr Motto*

Viele Ihrer guten Vorsätze verschleißen sich sehr rasch im Alltag. Wie oft haben Sie sich an Silvester etwas vorgenommen und kaum waren ein paar Tage um, waren alle Vorhaben vergessen. Diese Erkenntnis sollen Sie nutzen und umkehren. Sie werden Zwischenziele formulieren. Es sollen ideelle Ziele sein. Sie müssen nur erreichbar erscheinen. Sie kennen die Kraft, die Ihnen beim Erreichen der Ziele hilft. Es ist Ihr eigenes Unterbewußtsein. Deshalb beschließen Sie, am Beginn eines Jahres, schriftlich die Ziele zu formulieren, die Sie im Laufe des Jahres erreichen wollen. Lesen Sie sie immer wieder durch. Sie kennen die Möglichkeiten der Programmierung. Daher werden Sie sich diese Ziele immer wieder vor Augen führen.

**Ich werde mir erreichbare Teilziele stecken!**

*Ihr Motto*

Sie sollten indessen nicht nur ein Motto für ein Jahr finden. Jeder Tag ist so wichtig, daß Sie in Zukunft den Wert des einzelnen Tages viel höher bewerten wollen. Kein Tag darf verschenkt werden. Jeder Tag soll Bedeutung bekommen. Nehmen Sie sich fest vor, die Chancen der positiven Einstellung bereits am Morgen zu nutzen. Bereits am Morgen wollen Sie sich positiv programmieren. Wenn Sie noch im Bett liegen und gerade am Aufwachen sind, arbeiten Sie an der Einstellung für den Tag. Gleich nach dem Aufstehen suchen Sie sich einen Spiegel. Lächeln Sie sich im Spiegel an. Zeigen Sie sich jeden Morgen 20 Sekunden die Zähne. Schaffen Sie sich eine für Sie typische und hilfreiche Formel. Sprechen Sie diese sechsmal laut mit Inbrunst und programmieren Sie sich so schon morgens.

*Beginnen Sie schon am Morgen mit der positiven Programmierung für den Tag.*

**Heute ist ein schöner Tag. Ich freue mich, daß ich lebe!**

*Ihr Motto*

Bleiben Sie den ganzen Tag über freundlich zu sich selbst. Immer, wenn Sie sich in einem Spiegel sehen, lächeln Sie sich zu. Verstärken Sie Ihre fröhliche Grundstimmung, indem Sie auf sich zeigen und sich anlächeln. Dabei wiederholen Sie Ihre Formel. Auch wenn Sie an eine neue Aufgabe gehen, kann ein

Zeichen der positiven Einstimmung Ihnen helfen, sich selbst-
bewußt und gelassen an die Arbeit zu machen. Schlagen Sie
mit der rechten Faust in die linke Hand und sagen Sie laut:
»Los geht's!«, und vergessen Sie nicht, dabei zu lächeln.

Streß und Angst werden immer wieder die Steine sein, die
Ihnen im Weg liegen. Auf dem Weg zur Mitte werden Sie
immer wieder Hindernisse erleben. Sie haben sich bereits mit
einigen Möglichkeiten zur Intervention beschäftigt. Streßbe-
lastungen sind sehr häufig sozial bedingt und konditioniert.
Gefährlich ist die Form des eingebildeten und damit nur vorgestellten Streß. Dabei hat Streß immer mit fehlgeleiteten
Gedanken zu tun. Auch bei den verschiedenen Formen der
Angst handelt es sich um eine unbestimmte Bedrohung. In
der Vorstellungen beginnen negative Bilder zu wirken und
werden zu real empfundener Bedrohung. Bei Streß wie auch
bei Angst bedeutet Intervention aktives Handeln. Beschließen
Sie deshalb, Streß und Angst mit körperlicher und geistiger
Aktion zu begegnen. Vor allem aber setzen Sie auf die Kraft der
Gedanken. Sie sind der Schlüssel aus dem Gefängnis falscher
Vorstellungen. Sie denken nicht mehr intensiv darüber nach,
warum etwas nicht gelingt, sondern wie etwas gelingt. Sie
erleben in der Vorstellung die Freude, wenn Sie eine schwierige Situation gemeistert haben. Mit dem Schutzschild Ihrer
bejahenden Grundhaltung wehren Sie Streß und Ängste ab
oder schaffen es, leichter damit umzugehen.

*Positive Gedan-
ken sind der
Schlüssel aus
dem Gefängnis
falscher Vorstel-
lungen.*

**Ich stelle mir vor, wie ich mein Leben aktiv meistere!**
*Ihr Motto*

Es wird in Ihrem Leben immer wieder auch Mißerfolge und
Niederlagen geben. Sie dürfen sich dadurch nicht in einen
negativen Teufelskreis führen lassen. Nichts ist schrecklicher
als eine solche Aneinanderreihung von Negativgedanken.
Meist bekommen solche Überlegungen eine fatale Eigendyna-
mik. Sie werden statt dessen lernen, Mißerfolge und Niederlagen zuzulassen und hinzunehmen. Lassen Sie sich dadurch
aber nicht verunsichern. Auch in solchen Situationen ist Ihr

*Lassen Sie sich
durch Mißerfolge
nicht in einen
negativen Teu-
felskreis führen.*

Schutzschild Ihre bejahende Einstellung. Viel zu oft lassen Sie sich im Tagesverlauf von anderen Menschen »herunterziehen« und sich deren Frust aufladen. Sie werden den Teufelskreis negativer Prägung mit der Macht der positiven Gedanken durchbrechen. Sie wissen, daß die konsequente positive Programmierung Ihnen helfen wird, die Negativerlebnisse und -bilder zu kompensieren. Sie nehmen Situationen an und gehen aktiv und positiv damit um. Sie arbeiten intensiv an der Verwirklichung Ihres positiven Eigenbildes.

**Ich weiß: Schwierigkeiten sind Möglichkeiten zu wachsen!**

*Ihr Motto*

Es geht nicht darum, alles mit einer »rostroten Brille« zu sehen. Zu oft wurde die Idee des »Positiven Denkens« als die seligmachende Heilsbotschaft verkündet. Das wäre völlig falsch. Sie sollen auch keinen Religionsersatz entwickeln. Selbstverständlich gibt es Krankheit, Not, Versagen, Mißerfolg und Tod in dieser Welt, in der sie leben. Immer wieder haben Sie mit Neid, Mißgunst und sogar Haß zu kämpfen. Völlig falsch wäre es, all jene Erfahrungen der Dunkelheit aus Ihrem Leben ausgrenzen zu wollen. Sie werden sie immer wieder erleben und durchleben. Es stellt sich nur die Frage »wie?«. Sie haben die Möglichkeit erkannt, all jene Erfahrungen zuzulassen. Sie lassen sich nicht mehr verunsichern. Sie verfolgen konsequent eine bejahende Einstellung und die entsprechende Eigenmotivation, denn Sie wollen die positive Motivation oder die Positivation erreichen. Gerade in solchen Phasen der dunklen Erfahrungen ist Ihre Ausgeglichenheit, Ihre Gelassenheit und Ihr fester Wille, sich zu verwirklichen, besonders gefordert. Sie bleiben auf Ihrem Weg zur Mitte!

*Sie sollen negative Erfahrungen nicht aus Ihrem Leben ausgrenzen, sondern zulassen.*

**Hat man sich einmal an dieses Leben in Ideen gewöhnt, so verlieren Kummer und Unglücksfälle ihren Stachel. Man ist wohl wehmütig und traurig, aber nie ungeduldig und ratlos.**

*Wilhelm von Humboldt*

Die konsequente Einstellung auf das Bejahen und der feste Wille zum Glücklichsein sind Ihr Wegbegleiter. Als große Hilfe bei der positiven Programmierung und gegen negative Gedanken hat sich die Autosuggestion erwiesen. Über die Tiefen-Entspannung und damit über den Alpha-Zustand schaffen Sie sich einen Zugang zu Ihrem Unterbewußtsein. Es fällt dann leicht, positive Bilder und Formeln in Ihrem Unterbewußtsein zu verankern. Sie wissen jetzt um diese Möglichkeit und beschließen, Sie konsequent zu nutzen. Sie wollen aktiv auf Ihr Unterbewußtsein einwirken. Der Höhlenmensch wird gezähmt.

Es gibt noch einen anderen Zugang zum Unterbewußtsein und die Möglichkeit der Programmierung. Es handelt sich dabei um die Speicherung über mehrfache Wiederholungen. Wenn Sie eine Botschaft oder ein Bild verinnerlichen wollen, sollten Sie diese sechsmal – am besten laut – wiederholen. Auch dadurch haben Sie eine Chance, das Unterbewußtsein zu erreichen. Diese Art der mentalen Programmierung ist nicht so wirksam wie das Mental-Management über die Entspannung und den sogenannten 7-Hertz-Zustand. Der Zugang zum Unterbewußtsein ist im Zustand der Entspannung oder in der Phase des Einschlafens und Aufwachens einfach leichter. Die Beeinflussung über die Mehrfach-Wiederholung kann indessen universeller angewendet werden. Denken Sie noch daran, wie Sie den Tag beginnen sollten. Sie wissen jetzt wie und warum. Am Morgen schauen Sie sich im Spiegel an und sprechen sechsmal laut und eindringlich: »Heute ist ein schöner Tag, ich freue mich, daß ich lebe!« Oder : »Froh und gelassen will ich den Tag beginnen!« Mit dieser Methode der Wiederholung können Sie auch über den Tag arbeiten. Sie haben nicht immer einen Spiegel oder können laut sprechen. Dann wiederholen Sie im

*Wirken Sie aktiv auf Ihr Unterbewußtsein ein.*

Geist die für Sie wichtige Vorstellung oder Hilfsformel. Jetzt wissen Sie auch, warum Sie bei den verschiedenen Übungen auf die Wiederholungen festgelegt wurden.

**Man wirft den Menschen immer vor, daß sie ihre Mängel nicht erkennen. Noch weniger aber kennen sie ihre Stärken. Sie sind wie das Erdreich. In vielen Grundstücken sind Schätze verborgen, aber der Besitzer weiß nichts von ihnen.**

*Jonathan Swift*

Wenn sich Ihnen der tiefere Sinn einer bestimmten Anforderung zunächst verschließt, sollten Sie sich in aller innerer Ruhe und Gelassenheit die Situation vor Ihr geistiges Auge führen und sich auf die Intuition zu verlassen. Wenn Sie gelernt haben, mit der Kraft der Gedanken und des Unterbewußtseins zu arbeiten, eröffnen sich Ihnen dadurch auch Chancen und Wege. Sie grübeln nicht, sondern lassen Ihr Unterbewußtsein Erkenntnisse und Lösungen entwickeln. Sie kennen sicherlich auch den guten Rat, daß man etwas überschlafen soll. Er folgt im Prinzip genau der Überlegung, daß eine Einsicht manchmal erst reifen muß. Ihr Unterbewußtsein kann ordnend und bahnend tätig werden.

**Blick in Dein Inneres! Da drinnen ist eine Quelle des Guten, die niemals aufhört zu sprudeln, wenn Du nicht aufhörst nachzugraben.**

*Lucius Annaeus Seneca*

**Übung 1**

Sie schaffen sich eine Hilfe, um in allen Lebenslagen an der Positivation festzuhalten. Mit Hilfe des Zentrierens soll Ihnen dies gelingen. Wenn Sie Hilfe brauchen oder wenn Sie der Alltag treibt, dann nehmen Sie einen bestimmten Stift oder einen speziellen Stein, den Sie immer mit sich herumtragen, fest in die Hand. Schauen Sie ihn an und konzentrieren Sie sich auf sich.

Beantworten Sie noch heute entscheidende Fragen. Seien Sie ehrlich zu sich selbst und schreiben Sie die Antworten nieder. Hier sind Ihre Fragen: Wie betrachte ich mich? Wie gehe ich mit mir um? Wie behandele ich andere? Wie meistere ich meinen Alltag? Welche Ängste habe ich? Wie gehe ich mit Streß um? Wie schalte ich Fremdbestimmungen aus? Welche Hilfe muß ich mir selbst geben? Welche Schwierigkeiten habe ich zu lösen?

## Stichwort: Weg zur Mitte

Marc Aurel hat geschrieben: »Das Glück im Leben hängt von den guten Gedanken ab, die man hat.« Sie haben in der Zwischenzeit erkannt, wie wichtig dieser Satz ist. Sie kennen die Kraft der Gedanken. Positive Gedanken sind positive Kräfte. Sie eröffnen Ihnen ungeahnte Chancen und Möglichkeiten. Negative Gedanken sind negative Kräfte. Sie lassen Sie verlieren und untergehen. Deshalb haben Sie beschlossen, die positiven Kräfte zu nutzen und zu bündeln. Glück ist die Konsequenz, wenn es Ihnen gelingt, sich selbst zu verwirklichen. Die positiven Gedanken sind eine wertvolle Hilfe dabei. Sie wissen um Bedürfnisse und deren Wunsch nach Befriedigung und Sie haben die positiven Vorstellungen als entscheidende Hilfen entdeckt. Die Energien, die Sie damit auslösen und einzusetzen vermögen, sind Ihnen bewußt.

> Nicht, wenn für Dich selber etwas schwer zu bewältigen ist, annehmen, es sei dies dem Menschen unmöglich, sondern, wenn etwas den Menschen möglich und eigen ist, glaub dies auch für Dich erreichbar ist.
>
> *Marc Aurel*

### Was wollen Sie erreichen?

Sie wollen die Ketten der Fremdbestimmung sprengen und sich aus dem Gefängnis der Sachzwänge befreien. Ganz fest haben Sie beschlossen, mehr Freude und Glück in Ihren Alltag zu bringen. Mit Schwierigkeiten in Ihren Binnen- und Außenverhältnissen werden Sie immer besser fertig. Sie finden zur Eigenbestimmung, verwirklichen sich selbst und sind sich Ihrer selbst bewußt.

### Was brauchen Sie dazu?

Als Fundament für Ihr neues Lebensgebäude haben Sie die bejahende Grundhaltung erkannt. Voraussetzung dafür ist eine gezielte und **intensive Entspannung.** Sie brauchen die physische und die mentale Lockerung. Dazu haben Sie sich vorgenommen, aktiv loszulassen und auf sich zu konzentrieren. Ganz intensiv wollen Sie an Ihrem geistig-seelischen Ausgleich arbeiten. Dann wird auch die konsequente Hinwendung zu einer positiven Grundeinstellung möglich.

Intensive Entspannung ist die Voraussetzung für eine bejahende Grundhaltung.

In jeder Lebenslage wollen Sie in Zukunft an Ihrer **bejahenden Grundhaltung** festhalten. Immer wieder und immer öfter wollen Sie zu dieser Basiseinstellung zurückfinden. Sie verhelfen sich zu mehr Inhalten im Leben. Ganz gleich, ob in Beruf, Familie oder Freizeit, Ihr Leben wird reicher. Es gelingt Ihnen, Unruhe und Mißerfolge mit einer gefestigten Lebenshaltung entgegenzutreten. Zugleich werden Sie viel mehr Ihre Chancen und Möglichkeiten erkennen und entwickeln. Sie wissen, daß Sie alles schaffen, was Sie schaffen wollen. Ihr Optimismus wird Ihnen lohnende Perspektiven eröffnen. Sie entdecken das, was Sie voranbringt auf dem Weg zu Ihrer Mitte. Sie finden Türen in den Mauern, die der Alltag Ihnen aufbaut. Dem Gegenüber können Sie frei und von einer soliden Grundlage aus begegnen. Sie akzeptieren den anderen auf der Sach- und Beziehungsebene. Die Zeit enteilt, und Sie haben beschlossen, die Zeit intensiv zu nutzen. Die Augenblicke wollen Sie viel mehr genießen.

**Wir haben nicht zuwenig Zeit, aber wir verschwenden zuviel davon.**

*Lucius Annaeus Seneca*

Sie haben erkannt, daß Mißerfolge und die rüden Ereignisse des Alltags Sie nicht mehr verunsichern und vom Weg abbringen können. Sie nehmen die Situationen des Lebens so, wie sie sind, und erkennen Schwierigkeiten als Lernaufgaben. Immer wieder finden Sie zum Abstand von den Dingen zurück. Denn Sie ruhen in sich. Mit gesundem Egoismus setzen Sie sich offen mit allen Konstellationen auseinander. Sie wissen, daß die wichtigste helfende Hand am Ende Ihres eigenen Armes ist. Deshalb pflegen Sie auch ein besonderes Verhältnis zu sich. Sie lieben sich und sind gut zu sich. Mit Nachdruck arbeiten Sie an Ihrem Wohlergehen. Sie helfen sich im Alltag durch Entspannung und vielerlei mentale Unterstützung. Dabei pflegen Sie ein absolut klares Verhältnis zu sich selbst. Denn Sie sind ehrlich zu sich selbst und erkennen die Zusammenhänge so, wie sie auch tatsächlich sind. Sie sind gefestigt in sich. Sie haben beschlossen, Ihre **mentale Stärke** zu nutzen.

**Laß den Schwung Deines Geistes nicht ermatten und erkalten. Aber zügle und diszipliniere ihn, daß zur geistigen Haltung wird, was jetzt nur begeisterter Aufschwung ist.**

*Lucius Annaeus Seneca*

Was immer auf Sie zukommt, Sie lassen es geschehen. Alles folgt einer bestimmten Logik, auch wenn sie sich Ihnen nicht erschließt. Veränderungen fassen Sie als natürlich auf. Alles fließt und verändert sich. Unabänderliches geschieht und Sie werden damit fertig. Aus einer solchen Position der Gelassenheit heraus gelingt es Ihnen, auch solche Situationen Ihres Lebens zu meistern. Mittelpunkt Ihres Lebens sind Sie selbst. Es ist wie bei einem Wagen. Der Schwerpunkt der Achse muß in der Mitte sein und trotz heftiger Bewegung in sich ruhen, dann kann der Wagen auch gut vorankommen. Sie bleiben ruhig oder kehren stets wieder zu Ihrer **inneren Ruhe** zurück. Wenn Sie in sich ruhen, stellt sich eine stete heitere Gelassenheit ein. Sie vermögen zu lächeln. Dabei haben Sie beschlossen, bewußt an einer tiefen Harmonisierung und damit

Fassen Sie Veränderungen als natürlich auf.

grundsätzlichen Hinwendung zum Positiven zu arbeiten. Immer öfter bleiben Sie in allen Lebenslagen zufrieden, ruhig und gelassen.

**Wenn Du von den Umständen gezwungen wirst, gleichsam aus der Ruhe zu geraten, kehr schnell zu Dir zurück und tritt nicht mehr als notwendig aus der Ordnung heraus. Du wirst nämlich über die Harmonie mehr Herr sein, wenn Du fortgesetzt zu ihr zurückkehrst.**

*Marc Aurel*

Der Gedanke ist der Vater des Handelns. Also arbeiten Sie an Ihren Vorstellungen und mit der Kraft der Gedanken. Sie wollen dann bestimmt nicht mehr auf diese wertvolle Hilfe verzichten. Selbstverständlich haben Sie erkannt, wie wichtig es ist, auch einmal alles so geschehen zu lassen, wie es von selbst geschieht. Oft ist es erforderlich, die Gedanken frei wandern zu lassen. Das läßt Lösungen oder Antworten finden. Es ergeben sich oft überraschende Einsichten, wenn Sie eine bestimmte Situation aufnehmen und sie »im Herzen bewegen«. Das kann bedeuten, daß Sie eine Nacht darüber schlafen oder sie ganz vergessen, um dann einer spontanen Eingebung zu folgen. Sie wissen, wie wichtig es ist, auf Ihren »Bauch« zu hören. Ihr Unterbewußtsein arbeitet an einer Antwort auch dann, wenn Sie nicht wissentlich darauf eingestellt sind. Nutzen Sie diese Chance der **Intuition.** Deshalb haben Sie beschlossen, auf die Kraft von innen zu vertrauen.

*Vertrauen Sie auf Ihre innere Kraft und nutzen Sie die Chance der Intuition.*

**Jeder hat sein eigen Glück unter den Händen, wie der Künstler eine rohe Materie, die er zu einer Gestalt umbilden will. Aber es ist mit dieser Kunst wie mit allem: Nur die Fähigkeit dazu wird uns angeboren; sie will gelernt und sorgfältig ausgeübt sein.**

*Johann Wolfgang von Goethe*

Sie können mit der Kraft der Gedanken bewußt arbeiten und umgehen. Vorstellung schafft Wirklichkeit. Sie können Ihre zukünftige Realität gezielt herbeiführen. Denn Sie nutzen konsequent die Chancen des **Mental-Managements**. Dabei können Sie gezielt Ihr Unterbewußtsein beeinflussen. Das mentale Management ist eine wertvolle Hilfe zu einem bewußteren Sein und zu gezielter Selbstbestimmung. Je nach Gegebenheiten beeinflussen Sie auf der Grundlage einer tiefen Entspannung Ihr Unterbewußtsein. Sie stellen sich auf bestimmte Situationen ein und bewältigen sie aktiv. Die positive Motivation erhalten Sie sich, indem Sie sich gezielt mental programmieren. Den Weg zur Mitte gestalten Sie aktiv. Dann können sich Selbstverwirklichung, innere Freude und Glück einstellen.

> **Den Augenblick zu nützen, bei jedem Schritt auf dem Weg an den Abend zu denken, die größtmögliche Zahl glücklicher Stunden zu verleben, das ist Weisheit.**
>
> *Ralph Waldo Emerson*

Sie sind jetzt von Ihrem Weg zur Mitte nicht mehr abzubringen! Sie sind auf dem Weg zu gezielter Eigenbestimmung, innerer Freude und Glück. Mit positiver Motivation gehen Sie durch den Alltag. Die **Positivation** ist Ihre große Hilfe im Auf und Ab des Lebens. Offen und mit großer Gelassenheit können Sie mit sich und mit der Umwelt umgehen. Sie sind sich Ihrer selbst bewußt und verwirklichen sich selbst. Denn Sie wissen, daß Veränderung ein natürlicher Vorgang ist. Ihre Bedürfnisse sind Ihnen bewußt. Sie erkennen Fehler und unbewältigte Anforderungen. Zugleich verstehen Sie wesentliche psychologische Zusammenhänge und deren Bedeutung für Ihr Leben. Entscheidende Erkenntnisse zur Eigen- und Fremdwahrnehmung sowie zur Kommunikation eröffnen Ihnen wertvolle Perspektiven. Dabei ist eine generell bejahende Grundhaltung für Sie zum Eckstein Ihres weiteren Lebens geworden. Sie wollen sich der positiven Motivation oder Positivation in allen Lebenslagen öffnen. Sie wenden sich konsequent dem Bejahen zu. Sie wissen um die tragenden Säulen Ihres Lebensgebäudes. Sie verlassen sich auf Ihre innere Ruhe,

*Der Weg zur Mitte ist der Weg zu gezielter Eigenbestimmung, innerer Freude und Glück.*

auf die mentale Stärke und die Intuition. Zugleich erkennen Sie die Chancen und Möglichkeiten einer gezielten Programmierung. Sie sind unaufhaltbar auf dem Weg zu Ihrer Mitte! Jetzt gilt es, immer wieder daran zu arbeiten an jedem Tag und in jedem Augenblick.

> **Das Hinausschieben ist der größte Verlust fürs Leben; es verzettelt immer den nächsten Tag, es entreißt die Gegenwart, indem es auf die Zukunft verweist... Während man es aufschiebt, geht das Leben vorüber.**
>
> *Lucius Annaeus Seneca*

Sie besitzen jetzt das wesentliche Wissen und Rüstzeug für den Weg zur Mitte. Jetzt gilt es, sich mit dem Rüstzeug auch praktisch auseinanderzusetzen. Im folgenden Übungsteil werden Sie sich im Einstieg zunächst einmal mit den Aufgaben befassen, die sich Ihnen stellen. Danach gehen Sie intensiv auf das Thema »Entspannung« ein. Wie wichtig die geistig-seelische Lockerung ist, haben Sie erkannt. Anschließend werden Sie sich die Übergänge zum gezielten Mental-Management erarbeiten, um dann die praktischen Anwendungen des Mental-Managements nachzuvollziehen. Sie freuen sich auf diese praktischen Übungen und auf die großen Möglichkeiten, die Sie sich damit eröffnen. Fangen Sie gleich heute mit dem Erarbeiten an.

Folgen Sie Ihrem Autor jetzt in den spannenden zweiten Teil dieses Buches!

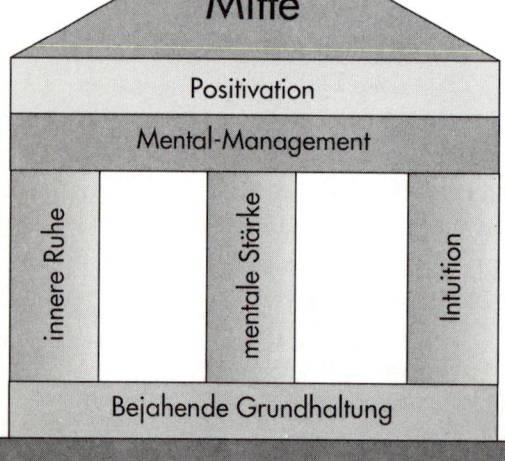

# Übungen

## Einstieg

Auf Ihrem Weg zur Mitte haben Sie beschlossen, Ihr Ich zu stärken. Sie wollen offen auf neue Gedanken zugehen. Als Grundlage haben Sie sich durch das Lesen des ersten Teils dieses Buches und mit den darin beschriebenen ersten Übungen zu einer neuen Einstellung verholfen. Wesentlich ist, daß Sie begonnen haben, anders zu denken und vielleicht auch – und immer öfter – anders zu handeln. Sie sind auf der Suche nach Ihrer positiven Motivation oder Positivation und nutzen mentales Management. Allerdings sind, besonders in schwierigen Lebenssituationen oder unter dem Eindruck des passiven Lernens, die Zugänge zu einer offenen und positiven Grundeinstellung häufig verlegt. Wenn Leid, Ärger und Wut unser ganzes Ich in Beschlag genommen haben, fällt es sehr schwer, sich zurückzubesinnen und im Teufelskreis von Verbitterung und negativer Prägung innezuhalten. Aber dennoch, es muß sein! Nur, wenn es Ihnen gelingt, sich auch aus einer solchen Situation mental zu befreien, sind Sie auf dem Weg zu Ihrer Mitte. Sie haben dann ungeahnte Möglichkeiten. Sie brauchen sie nur zu nutzen. Das ist die entscheidende Botschaft.

> Wenn Sie lernen, sich auch aus schwierigen Situationen immer wieder mental zu lösen, eröffnen sich Ihnen ungeahnte Möglichkeiten.

> **Wie lange ich lebe, liegt nicht in meiner Macht;**
> **daß ich aber, solange ich lebe, wirklich lebe,**
> **das hängt von mir ab.**
>
> *Lucius Annaeus Seneca*

Sie wollen die Ketten der Fremdbestimmung sprengen und aus dem Gefängnis der Sachzwänge ausbrechen. Konsequent suchen Sie die Eigenbestimmung und den selbstbewußten

Umgang mit Ihrer Umwelt. Sie erkennen die Dynamik, die aus rationalem Kalkül und emotionalem Druck entsteht. Deshalb haben Sie die Bedeutung gezielter Entspannung erkannt. Sie sollen loslassen und sich auf sich selbst besinnen. Nur aus einer solchen seelisch-geistigen Lockerung sind Erneuerungen möglich. Jeder Tag bietet Ihnen dazu riesige Chancen. Es eröffnen sich Ihnen bislang ungeahnte Zugänge. Einstellungen vermögen sich zu verändern. Sie müssen nur wollen und immer wieder daran arbeiten.

Der folgende Text gibt Ihnen Hinweise und Anleitungen zur Entspannung. Das ist die Voraussetzung für den Einstieg in das gezielte Mental-Management. Welche Entspannungstechniken Sie wählen, sollten Sie davon abhängig machen, wie gut Sie damit umgehen können. Es können Qigong, Eutonie, Yoga, mentales Training oder eine andere Art der Entspannung sein. Wesentlich ist, daß Sie Ihre Übungen und daraus Ihren individuellen Weg finden. Es dauert, bis sich die ersten Gedanken zu einer neuer Grundeinstellung wandeln. Es dauert, bis Sie von den ersten zaghaften Versuchen des Loslassens zum tatsächlichen Mental-Management gelangen, das Ihnen hilft, Ihr Leben besser zu meistern.

**Wählen Sie die Entspannungstechnik, die Ihnen am meisten zusagt.**

Deshalb sollen Sie zunächst üben, sich zu entspannen und den Alltag hinter sich zu lassen. Vielleicht hilft es, wenn Sie sich ein Stoppschild vorstellen und laut »Stopp!« rufen. Vielleicht schaffen Sie diese ersten Entspannungsversuche auch nicht allein, vielleicht brauchen Sie Anleitung und die Hilfe einer Gruppe. Es gibt eine ganze Reihe von Volkshochschulkursen oder örtlichen Instituten, die den Einstieg in ein Entspannungstraining anbieten.

**Viele Institutionen und Volkshochschulen bieten Entspannungskurse an.**

Auf diese initiale Entspannung können Sie aufbauen. Sie müssen damit aber gleich heute beginnen, denn wenn man nicht losläuft, kann man auch nicht ankommen. Also beschließen Sie, loszulaufen und sich auf den Weg zu machen. Deshalb wünsche ich Ihnen Kraft, Willen und viele positive Erlebnisse.

**Es genügt nicht, zum Fluß zu kommen mit dem Wunsch, Fische zu fangen. Man muß auch ein Netz mitbringen.**

*Konfuzius*

### Was wollen Sie?

- Sie wollen mit Veränderungen leben. Alles ist im Fluß, und Sie haben beschlossen, damit leben zu lernen. Sie akzeptieren auch die Veränderung, deren Sinn Sie nicht verstehen.
- Sie wollen sich stets realistisch auf Mensch und Vorgang einstellen und falsche Erwartungen vermeiden, damit keine Enttäuschungen entstehen.
- Sie wollen sich auf sich verlassen, denn Sie sind sich Ihr bester Freund. Deshalb werden Sie sich auch so akzeptieren, wie Sie sind.
- Sie wollen im Hier und Jetzt leben. Sie haben fest beschlossen, sich mehr auf den Moment zu konzentrieren.
- Sie wollen viel öfter die Kleinigkeiten des Lebens beachten. Jeden morgen geht die Sonne auf, und viele Wunder der Natur bieten sich uns.
- Sie wollen bewußt Gedanken als Kräfte nutzen.
- Sie wollen keine Fremdbestimmung mehr. Sie werden jeden Tag entscheiden, was Sie tun, denken und fühlen.
- Sie wollen erkennen, was wirklich zählt in Ihrem Leben. Werte sollen auch Wert haben dürfen. Freude und innere Ruhe sind wichtige Güter.
- Sie wollen sich so oft wie möglich tief und erholsam entspannen.
- Sie wollen sich positiv einstellen. Immer öfter soll es Ihnen gelingen, einen Vorgang von der positiven Seite zu sehen. In Zukunft soll Ihr Glas immer »halb voll« sein.
- Sie wollen sich täglich anlächeln. Lächeln ist Selbstschutz.
- Sie wollen möglichst immer gut drauf sein: »Heute ist ein schöner Tag...!«
- Sie wollen als wichtige Grundlage für weitere Entwicklungen eine konsequente **bejahende Grundhaltung** erreichen.

■ Sie wollen die positiven Vorstellungen verstärken und Ihre mentale Stärke zu auszubauen. Sie nutzen die Möglichkeiten des gezielten Mental-Managements.

## Entspannung

### Autogenes Training

Es gibt sehr verschiedene Wege, um zur Entspannung zu kommen. Mit der Zeit werden Sie Ihre Methode auswählen und entwickeln. Ein erster Zugang zu einer gezielten Entspannung ist durch das **autogene Training** möglich. J. H. Schultz ist der Wegbereiter des autogenen Trainings. Er hat erkannt, daß der Mensch durch bestimmte Übungen zu einer tiefen Entspannung geführt werden kann. Ziel ist die seelisch-geistige Beruhigung und Ausgeglichenheit. Als Folge kann sich ein ruhigeres Leben einstellen, können Probleme weniger hart empfunden und Streßsituationen besser gemeistert werden. Eine wichtige Voraussetzung sind Zeit und Ruhe. Ungeduld, Ärger oder Zwang vertragen sich nicht mit Entspannungsbemühungen. Auch Lärmquellen sollen gemieden werden. Eine bequeme Unterlage und eine angenehme Raumtemperatur sind hilfreich. Beengende Kleidung ist zu lockern und Brillen sowie Schuhe sind abzulegen.

**Übung 1**

■ Legen Sie sich locker hin. Lassen Sie sich völlig fallen. Beginnen Sie dann mit der Lockerung der Gesichtsmuskeln. Dazu nehmen Sie die Zähne auseinander und lassen den Unterkiefer fallen. Dann schließen Sie die Augen. Wenn es Ihnen gelingt, schauen Sie in Richtung Nasenwurzel.

■ Beginnen Sie nacheinander gezielt die Schulter-Arm-Muskulatur zu entspannen. Die Hände liegen dabei locker neben Ihrem Körper. Wenn Sie das Gewicht der Arme auf der Unterlage spüren, haben Sie den richtigen Entspannungsgrad erreicht.

■ Konzentrieren Sie sich jetzt auf die Nackenmuskulatur. Wandern Sie dann weiter zu den Beinmuskeln und durchwandern Sie diese in Gedanken. Die Beine sollen locker nebeneinander liegen. Auch hier wird sich mit der Zeit eine gewisse Schwere einstellen.

■ Gewinnen Sie Schwere zurück. Reißen Sie dazu die Arme vor die Brust.

Wenn Sie sich im Sitzen entspannen wollen, sollten Sie die Droschkenkutscherhaltung wählen. Dazu setzen Sie sich aufrecht auf einen Stuhl. Dann lassen Sie sich so zusammensacken, daß der Kopf senkrecht über dem Gesäß bleibt. Lockern Sie jetzt Ihre Arme und legen Sie sie auf Ihre weitgespreizten Oberschenkel nahe an den Ellenbogen. Der Kopf hängt ohne Belastung durch. Diese Haltung führt nicht zu den gleichen Entspannungsgraden wie die liegende Position. Sie ist indessen universell anwendbar.

*Droschkenkutscherhaltung*

■ Sie beginnen wie in Übung 1 und setzen sie dann fort. Dazu konzentrieren Sie sich auf das Atmen. Geben Sie sich ganz dem Atemrhythmus hin. Dabei konzentrieren Sie sich ganz auf eine Zwerchfellatmung, bei der Sie sich auf das Heben und Senken der Bauchdecke konzentrieren. Sie atmen langsam ein und aus, ohne zu tief Atem zu schöpfen. Konzentrieren Sie sich für 5 Minuten auf das Atmen. An Anfang kann es sein, was völlig normal ist, daß es Ihnen nicht sofort gelingt, sich auf die Übung zu konzentrieren. Üben Sie aber immer wieder. Durch stetes Probieren erreichen Sie eine entspannte Konzentration auf sich und auf das Atmen.

**Übung 2**

■ Legen Sie sich locker hin. Lassen Sie sich völlig fallen. Nehmen Sie die Zähne auseinander und entkrampfen Sie Ihr ganzes Gesicht. Schließen Sie Ihre Augen und schauen Sie bei geschlossenen Augen auf die Nasenwurzel. Formulieren Sie die Aufforderung zur Beruhigung positiv und führen Sie sich diesen Satz immer wieder vor Augen: »Ich bin ganz ruhig.«

**Übung 3**

■ Beobachten Sie Ihre Gedanken, wie sie kommen und gehen. Halten Sie keinen Gedanken fest. Lassen Sie sie vorbeiziehen wie Wolken am Himmel. Sie sollen nichts erzwingen. Lassen Sie Ihre Gedanken sich ordnen. Wenn es sein muß, und am Anfang wird dies häufiger der Fall sein, durchlaufen Sie die sich aufdrängenden Gedanken. Führen Sie sich immer wieder den Satz »Ich bin ganz ruhig« vor Augen und versuchen Sie zu einer Beruhigung zu kommen. Sie sind dann entspannt, wenn Sie sich selbst liegen sehen und die Ruhe ganz fest spüren. Die Ruhe umgibt Sie wie ein schützender Mantel.

— Konzentrieren Sie sich jetzt auf Ihre Arme. Stellen Sie sich Ihre Arme vor und sagen Sie sich : »Mein rechter Arm ist ganz schwer« und danach »Mein linker Arm ist ganz schwer«. Nach einiger Übung wird es Ihnen gelingen, beide Arme gleichzeitig zu entspannen. Der optimale Entspannungsgrad ist erreicht, wenn Ihre Arme schwer auf der Unterlage liegen. Wiederholen Sie am Anfang die Anordnungen immer wieder, bis sich die Entspannung einstellt. Nach sechsmaliger Wiederholung der Schwereformeln fügen Sie die Aufforderung zur Beruhigung hinzu: »Ich bin ganz ruhig.« Es wird einige Zeit benötigen, bis Sie erfolgreich Ihre Arme entspannen können. Wenn dies gelingt, wenden Sie sich den Beinen zu. Haben Sie erfolgreich Ihre Extremitäten entspannt, können Sie nach einigen Übungen auch den Körper entspannen: »Mein ganzer Körper ist ganz schwer.« Gehen Sie dann geistig den Körper von oben nach unten durch. Beginnen Sie in den Armen, fahren Sie vor Ihrem geistigen Auge über den Körper und durchwandern Sie dann Ihre Beine.

— In der nächsten Phase sollten Sie sich auf die Erzeugung von Wärme konzentrieren. Sie können wieder schrittweise vorgehen. Nach einiger Übung werden Sie den ganzen Körper als Übungsziel angehen: »Mein ganzer Körper ist warm.« Zu der Wärmeformel sollten Sie nach sechsmaliger Wiederholung stets die Beruhigungsformel hinzufügen. Die Übung kann bei dem einen oder anderen schon einige Wochen in Anspruch nehmen. Dann gelingt es Ihnen, den Körper gleichzeitig zu Wärme und Ruhe zu führen: »Mein ganzer Körper ist warm und ruhig.«

— Wenn Sie noch einige Schritte weitergehen wollen, empfehle ich die Anforderung an den Herzschlag, die Kontrolle der Atmung, die Durchblutung des Sonnengeflechts und schließlich die Kühlung der Stirn. Die entsprechenden Formulierungen lauten: »Mein Herz schlägt ruhig und gleichmäßig«, »Meine Atmung geht ruhig und gleichmäßig«, »Es atmet mich«, »Mein Bauch ist strömend warm« und »Meine Stirn ist angenehm kühl«. Diese Formeln sollten Sie nacheinander in die Übung einführen und dabei jeweils sechsmal wiederholen.

Insgesamt sollte eine Übungszeit von 15 Minuten nicht überschritten werden. Dabei kann es sein, daß Sie erst nach einiger Zeit die Übung vollständig absolvieren können. Sie dürfen aber nie aufgeben, denn für eine gezielte und tiefe Entspannung sollte Ihnen keine Mühe zuviel sein. Stets beenden Sie die Übung, indem Sie die Muskulatur kurz anspannen. Sie können auch die Arme rasch und kräftig vor die Brust pressen und die Fäuste ballen. Sie atmen tief durch und öffnen dann die Augen. Wenn Sie die Übung abends vor dem Einschlafen machen und in den Schlaf übergehen wollen, lassen Sie einfach die Rücknahmeformeln weg. Einige Übende räkeln sich nach der Übung oder zählen rückwärts von drei bis eins. Wichtig ist aber die gezielte Aktivierung aus dem Entspannungszustand.

Üben Sie nicht länger als 15 Minuten.

Dieses Grundgerüst eines autogenen Trainings sollte stets durchlaufen werden. Mit großer Übung gelingt es Ihnen immer leichter, und Sie können schließlich auch einige Passagen zusammenfassen. Wichtig ist aber, daß Sie alle Phasen richtig durchleben und den Erfolg auch spüren. Sie fühlen sich schwer, Ihr Herz schlägt ruhig und gleichmäßig, es atmet Sie, Ihr Bauch ist strömend warm und die Stirn kühl. Bei alledem fühlen Sie sich ruhig und tiefe Entspannung setzt ein: Ein lohnendes Ziel!

Später wird diese Übung uns den Einstieg in die Alpha-Entspannung und das gezielte Mental-Management erleichtern. Besonders hilfreich kann das gesprochene Wort sein. Deshalb können Sie sich bei Bedarf den Text auch auf Kassette aufnehmen. Wenn Sie wollen, legen Sie beruhigende Musik unter und stellen sich so Ihr ganz individuelles Training zusammen. Und jetzt wünsche ich Ihnen viel Erfolg und gute Entspannung!

**Kurzformeln für autogenes Training**

Mein Körper ist ganz schwer.
Ich bin ganz ruhig.
Mein Körper ist ganz warm.
Ich bin ganz ruhig.
Mein Herz schlägt ruhig und gleichmäßig.
Ich bin ganz ruhig.
Es atmet mich.
Ich bin ganz ruhig.
Mein Bauch ist strömend warm.
Ich bin ganz ruhig.
Meine Stirn ist kühl.
Ich bin ganz ruhig.

## Progressive Muskelentspannung

Neben dem autogenen Training gibt es eine gute Entspannungsmethode, die auch recht rasch zu spürbaren Erfolgen führt, das ist die **progressive Muskelentspannung** nach Edmund Jacobson. Das Tiefmuskel-Entspannungs-Training ist ein Verfahren, das an den willkürlichen Muskeln ansetzt und mit Hilfe einer initialen systematischen Anspannung von bestimmten Muskelpartien zu einer Entspannung des ganzen Körpers führt. Für die Anspannung werden die Muskeln gewählt, die willentlich oder aktiv angespannt und entspannt werden können. Dabei verändern sich durch die unterschiedlichen Spannungszustände und die damit verbundenen starken Kontraste auch körperliche Wahrnehmungen. In der Folge kommen Schwere- und Wärmeempfindungen zustande. Je kräftiger Sie anspannen, desto deutlicher wird die Entspannungsempfindung. Sie erarbeiten sich die verschiedenen Körperpartien nacheinander.

Die systematische Anspannung bestimmter Muskeln führt zu einer tiefen Entspannung.

Beginnen Sie mit den Händen, fahren Sie mit den Armen fort, dann folgen die Beine, das Gesäß, der Bauch, die Schultern und das Gesicht. Bestimmte Körperpartien, wie zum Beispiel Schulter- und Nackenbereich, sind bei vielen Menschen stark verspannt und verhärtet. Zu Beginn des Trainings kann es zu Schmerzen kommen, oder die Entspannung führt kaum zu spürbaren Erfolgen. Wenn Sie betroffen sind, sollten Sie sich nicht entmutigen lassen. Nach einigen Versuchen, die Zeit brauchen, werden Sie auch diese Muskeln anspannen und vor allem entspannen lernen. Zunehmende Elastizität wird die Folge sein. Wesentlich ist die kräftige muskuläre Aktivierung zum Abschluß der Übung. Wie bei allen Entspannungsübungen gilt auch für die progressive Muskelentspannung, daß nichts erzwungen werden kann und nur mit Geduld Erfolge zu erzielen sind.

**Streitsücht'ge Nachbarsherrn sind Geist und Körper, die Grenzen wechseln und verwirren Sie. Man weiß oft nicht, auf wessen Grund man steht.**

*Franz Grillparzer*

■ Legen Sie sich flach auf den Rücken, die Arme locker neben den Körper gelegt. Entspannen Sie sich so gut wie möglich. Lassen Sie alle Gedanken weiterziehen und stellen Sie sich jetzt auf Ihre Übung ein. Schließen Sie die Augen und beginnen Sie, sich auf Ihren Körper und Ihre Gliedmaßen zu konzentrieren.

■ Ballen Sie Ihre rechte Hand zur Faust. Verstärken Sie den Druck, bis Sie die Spannung deutlich spüren. Halten Sie die Spannung etwa sechs Sekunden. Nun entspannen Sie spontan und öffnen Sie langsam die Hand. Lassen Sie die Finger Ihrer rechten Hand locker und offen daliegen. Lassen Sie alle Spannung los und spüren Sie die Entspannung in Ihrem rechten Arm.

Nun führen Sie den gleichen Wechsel mit Ihrer linken Hand durch. Sie ballen sie zur Faust, halten 6 Sekunden die Anspannung und entspannen danach. Achten Sie auf den Unterschied zwischen An- und Entspannung.

**Übung 1:
Entspannen
der Arme**

- Heben Sie jetzt Ihre Unterarme mit den Fäusten zu den Schultern gerichtet. Spannen Sie die Muskeln in den Armen an, verstärken Sie den Druck und halten Sie ihn 6 Sekunden an. Entspannen Sie spontan, indem Sie die Arme locker fallen lassen. Lassen Sie dann die Entspannung sich langsam über die Arme ausbreiten. Achten Sie auf den Unterschied zwischen An- und Entspannung.
- Legen Sie die Hände auf die Unterlage neben Ihren Körper mit der Handinnenfläche nach oben. Drücken Sie jetzt Ihre Hände und Arme fest auf die Unterlage. Halten Sie sechs Sekunden diese Anspannung an. Entspannen Sie spontan und drehen Sie dabei die Arme in eine bequeme Position. Lassen Sie dann die Entspannung sich langsam über beide Arme ausbreiten. Versuchen Sie die Arme wirklich vollständig zu lockern. Achten Sie auf den Unterschied zwischen An- und Entspannung.
- Sie beenden die Übung indem Sie die Arme ruckartig an den Körper ziehen und die Fäuste ballen. Atmen Sie dann tief durch und öffnen Sie anschließend die Augen. Sie fühlen sich jetzt entspannt und sehr wohl.

**Führen Sie die Muskelentspannung 2 bis 3 Minuten täglich durch, am besten morgens oder abends.**

Sie können die einzelnen Zwischenschritte mehrmals wiederholen. Sie sollten allerdings langsam mit der Übung beginnen. Nehmen Sie sich vor, täglich zwei bis drei Minuten der progressiven Muskelentspannung zu widmen. Die beste Zeit ist morgens vor dem Aufstehen oder abends vor dem Schlafengehen. Am Anfang sollten Sie sich eine ruhige Umgebung suchen. Es hilft Ihnen vielleicht auch, die Übungsanleitung auf Kassette aufzunehmen und dann anhand dieser Anleitung vorzugehen, denn besonders am Anfang werden Sie noch leicht abgelenkt. Sie hängen oft noch den Gedanken nach, mit denen Sie aus dem Alltag kommen. Konzentrieren Sie sich auf das Erlebnis der Spannungsunterschiede.

**Fang alles an nur mit Bedacht, führ alles mit Bestand! Was drüber Dir begegnen mag, da nimm Geduld zur Hand.**

*Friedrich von Logau*

Später sollten Sie die Übungen als Kurzübung in Alltagssituationen anwenden lernen, dazu gehen Sie von der Liegeposition in die Droschkenkutscherhaltung über (siehe Seite 117). Durch die Übung werden Sie Ihre spezielle, bequeme Entspannungshaltung entwickeln. In Wartesituationen, in der Bahn, in einem Wartezimmer oder auf dem Rastplatz im Auto sollten Sie Ihre Übungen absolvieren. Am Anfang kann ein Übungsprotokoll helfen, daß Sie Ihre Übungen auch wirklich durchführen. Zudem sehen Sie auch schriftlich, welche Schritte Sie gegangen sind. Der Erfolg wird erlebbar und nachvollziehbar.

| Übungsprotokoll | |
| --- | --- |
| Art der Übung | |
| Montag | |
| Dienstag | |
| Mittwoch | |
| Donnerstag | |
| Freitag | |
| Samstag | |
| Sonntag | |

*Übungsprotokoll*

**Übung 2: Entspannen von Gesicht und Schulterbereich**

- Beginnen Sie mit der oben beschriebenen Übung 1 zum Entspannen der Arme bis zur letzten Entspannungsphase. Bleiben Sie in Ihrer Liegeposition oder später in Ihrer bequemen Entspannungshaltung. Heben Sie jetzt Ihre Augenbrauen hoch und runzeln Sie die Stirn. Verstärken Sie das Spannungsgefühl und halten Sie es sechs Sekunden lang an. Entspannen Sie spontan und lassen Sie die Entspannung sich über Ihre Stirn ausbreiten. Spüren Sie, wie sich die Stirn glättet. Achten Sie auf den Unterschied zwischen An- und Entspannung.
- Schließen Sie jetzt Ihre Augen. Drücken Sie sie ganz fest zu. Verstärken Sie das Spannungsgefühl und halten Sie es sechs Sekunden lang an. Entspannen Sie spontan und lassen Sie bei geschlossenen Augen die Entspannung sich über die Augen ausbreiten. Spüren Sie die Lockerung und achten Sie auf den Unterschied zwischen An- und Entspannung.
- Beißen Sie jetzt fest die Zähne zusammen und spannen Sie ihren ganzen Unterkiefer an. Verstärken Sie das Spannungsgefühl und halten Sie es sechs Sekunden lang an. Entspannen Sie spontan und lassen Sie die Entspannung sich ausbreiten. Spüren Sie die Lockerung. Achten Sie auf den Unterschied zwischen An- und Entspannung.
- Spannen Sie jetzt Ihre Lippen an und pressen Sie sie fest gegeneinander. Verstärken Sie das Spannungsgefühl und

halten Sie es sechs Sekunden lang an. Nun lösen Sie die Anspannung spontan und lassen die Entspannung sich über die Mundpartie ausbreiten. Spüren Sie die Lockerung und achten Sie auf den Unterschied zwischen An- und Entspannung.

■ Drücken Sie den Kopf jetzt fest nach hinten. Verstärken Sie das Spannungsgefühl im Nacken. Halten Sie es sechs Sekunden lang an. Entspannen Sie spontan und spüren Sie die Ausbreitung der Entspannung im Nackenbereich. Achten Sie auf den Unterschied zwischen An- und Entspannung. Sie können jetzt den Kopf jeweils auf die linke und danach auf die rechte Seite hin anspannen.

■ Drücken Sie jetzt Ihr Kinn gegen die Brust und verstärken Sie das Spannungsgefühl. Halten Sie es sechs Sekunden lang an. Nun lösen Sie die Anspannung spontan und lassen die Entspannung sich über das Kinn ausbreiten. Spüren Sie die Lockerung und achten Sie auf den Unterschied zwischen An- und Entspannung.

■ Ziehen Sie jetzt Ihre Schultern hoch. Verstärken Sie das Spannungsgefühl in der ganzen Schulterpartie. Halten Sie die Spannung sechs Sekunden lang an. Entspannen Sie spontan und spüren Sie, wie sich die Entspannung über den ganzen Schulterbereich ausbreitet. Achten Sie auf den Unterschied zwischen An- und Entspannung.

*Progressive Muskel-
entspannung im
Gesichts- und
Schulterbereich*

■ Sie beenden die Übung, indem Sie die Arme ruckartig an den Körper ziehen und die Fäuste ballen. Atmen Sie danach tief durch und öffnen Sie dann die Augen. Sie fühlen sich jetzt sehr wohl, und Ihr Gesicht wie auch die Schultern sind ganz locker.

Wenn Sie die Entspannungsübung für Gesicht und Schulter ausführlich durcharbeiten, sollten Sie zusammen mit der anfänglichen Armentspannung rund zehn Minuten Übungszeit veranschlagen. Im Alltag können Sie immer wieder auf diese Hilfe zurückkommen. Sie werden erleben, wie gut Ihnen besonders die An- und Entspannungen der Schulterpartie nach langen Autofahrten oder Bürositzungen zu direkter und allgemeiner Entspannung verhelfen. Sie können nach der Schulterpartie nun nacheinander die Entspannung des ganzen Körpers oder bestimmter Körperpartien angehen. Die Übungen verlaufen immer nach dem jetzt wohlbekannten Schema. Nach längerem Training wird es Ihnen gelingen, die einzelnen Muskelgrupppen ohne vorherige Anspannung zu lockern. Sie stellen sich den entspannten Zustand vor und gehen vor Ihrem geistigen Auge den ganzen Körper durch. Dabei erreichen Sie innerhalb von weniger als zehn Minuten eine völlige Entspannung und Lockerung.

**Kurzfassung für die progressive Muskelrelaxation**

Ich lockere meine Schulter- und Armmuskeln.
Ich spanne meine Fäuste an und spüre die Anspannung.
Dann entspanne ich spontan und spüre die Entspannung.
Ich beuge die Arme und spanne die ganzen Arme an.
Dann entspanne ich spontan und spüre die Entspannung.
Ich hebe die Augenbrauen und spüre die Anspannung.
Dann entspanne ich spontan und spüre die Entspannung.
Ich drücke die Augen zusammen und spüre die Anspannung.
Dann entspanne ich spontan und spüre die Entspannung.
Ich presse meine Zähne gegeneinander.
Dann entspanne ich spontan und spüre die Entspannung.
Ich spanne meine Lippen an und presse sie fest gegeneinander.
Dann entspanne ich spontan und spüre die Entspannung.
Ich drücke meinen Kopf fest nach hinten.
Dann entspanne ich spontan und spüre die Entspannung.
Ich drücke das Kinn gegen die Brust und verstärke die Spannung.
Dann entspanne ich spontan und spüre die Entspannung.
Ich ziehe die Schultern hoch und spanne sie an.
Dann entspanne ich spontan und spüre die Entspannung.
Ich ziehe die Arme ruckartig an den Körper, balle die Fäuste und atme tief durch.

## Alltagshilfen

Sie haben jetzt zwei leicht erlernbare Entspannungsmethoden kennengelernt. Ihr Ziel ist die Entspannung, das Loslassen und die Besinnung auf sich. Es gibt stärker kopfgesteuerte Techniken wie das autogene Training. Mancher wird weit besser auf die körperliche Aktivität und ein entsprechendes Ausarbeiten reagieren. Ihr Ziel bleibt immer das gleiche, nämlich der Abbau von Alltagsstreß, von Anspannung und die Besinnung auf den Körper. Damit öffnen Sie sich auch für die geistige Entspannung. Mit gezielten Entspannungstechniken wollen wir Körper und Geist in einen naturgegebenen Normalzustand führen. Einige von Ihnen werden einige Zeit brauchen, bis sie zur Ruhe und Entspannung kommen. Vielleicht helfen auch kleinere Entspannungsübungen zwischendurch zu mehr Ausgeglichenheit und einem gezielten Loslösen aus dem Alltag. Neben den breit anwendbaren Entspannungsmethoden sollen Sie jetzt kürzere Übungen kennenlernen, die sich im Alltag und überall anwenden lassen. Nutzen Sie gezielt jede Gelegenheit, sich kurz zu entspannen oder zumindest im Alltagstrubel für einige wertvolle Momente innezuhalten. Der Alltag wird erträglicher und Ihre Grundhaltung entspannter. Sie öffnen sich zugleich auch einer geistigen Entspannung und gehen wieder ein Stück voran auf dem Weg zur Mitte.

### Atemübung

Die einfachste Art der Kurzentspannung ist das bewußte Atmen. Wir haben verlernt, im Stehen oder Sitzen natürlich zu atmen: In sanftem und gleichmäßigem Rhythmus soll sich der Bauch nach vorn wölben. Danach sinkt er wieder langsam zusammen. Schultern und Hals bleiben dabei ganz locker und entspannt. Meist atmen wir zu oberflächlich, zu hektisch und unsere Atembewegungen sind falsch. Wir schnappen nach Luft, sind beim Atmen oft völlig verspannt und beim Einatmen fällt unser Bauch zusammen. Deshalb sollten Sie in besonders hektischen Situationen jede mögliche Gelegenheit nutzen, tief und langsam ein- und deutlich hörbar auszuatmen. Konzentrieren Sie sich für wenige Minuten ganz auf das Atmen. Legen Sie eine Hand auf den Bauch. Er muß sich beim

Atmen Sie tief und langsam ein und deutlich hörbar aus.

Einatmen nach vorne wölben. Verfolgen Sie den Atemstrom, wie er sich in Ihrem Körper ausbreitet. Sauerstoff gelangt als Kraftspender in Ihre Lungen, und Sie gewinnen für einige wertvolle Sekunden Abstand von Ihrem Alltagstrott. Mit einiger Übung können Sie das Gefühl erzeugen, mit dem ganzen Körper zu atmen. Erinnern Sie sich an den Satz aus einer der vorigen Übungen: »Es atmet mich!«

### Zentrieren

Wenn Sie mitten in Ihrer Arbeit merken, daß die Konzentration nachläßt oder die Umgebung Sie hektisch werden läßt, ziehen Sie sich kurz in sich zurück. Eine Art Reise nach innen soll Ihnen helfen, sich für einen Moment aus dem Alltag zu lösen und kurz Abstand zu gewinnen. Schließen Sie dazu Ihre Augen und richten Sie Ihren Blick zur Nasenwurzel. Konzentrieren Sie sich auf diesen Punkt und atmen Sie bewußt und langsam. Es kann hilfreich sein, mit dem Daumen, dem Zeige- und dem Mittelfinger die Stelle zwischen Ihren Augenbrauen und der Nasenwurzel festzuhalten. Atmen Sie dann sechsmal tief und langsam ein und aus. Schicken Sie während dieser Zeit alle Gedanken weiter, halten Sie keinen Gedanken fest. Konzentrieren Sie sich auf das Atmen und verfolgen Sie den Luftstrom in Ihre Lungen hinein. Wenn Sie besonders erregt oder hektisch sind, kann es helfen, sich zunächst ein Stoppschild vorzustellen. Vielleicht hilft es Ihnen auch, laut »Stopp!« zu sagen und dann erst mit dem Zentrieren zu beginnen. Beenden Sie die Übung mit einem tiefen Durchatmen.

### Körperpendel

Eine gute Übung, die im Alltag leicht und ohne Aufsehen anzuwenden ist, geht von der aufrechten Stehhaltung aus. Sie können Wartezeiten an Flughäfen, vor Supermarktkassen oder vor einem Auftritt zur Kurzentspannung nutzen. Beginnen Sie langsam so weit nach vorne zu wippen, daß Sie noch aufrecht stehen können. Anschließend gehen Sie mit dem ganzen Körper in umgekehrte Richtung nach hinten. Pendeln Sie jetzt langsam und ruhig hin und her. Zählen Sie bis 30. Zum Schluß lassen Sie die Bewegung immer kleiner werden. Pendeln Sie

Nutzen Sie längere Wartezeiten zur Kurzentspannung.

dann seitwärts. Auch hierbei beginnen Sie mit größeren und langsamen Bewegungen zur einen und dann zur anderen Seite. Lassen Sie die Bewegungen immer kleiner werden und zählen Sie auch hierbei bis 30. Danach kreisen Sie mit dem ganzen Körper um Ihren Mittelpunkt, zunächst im Uhrzeigersinn und dann gegen den Uhrzeigersinn. Zählen Sie jeweils bis 30. Wenn Sie alle Bewegungen durchgemacht haben, stellt sich Beruhigung ein, und Sie stehen jetzt fest mit beiden Beinen auf der Erde.

### Tennisball

Wenn Sie sich beruhigen und wieder etwas frischer werden wollen, sollten Sie sich einen Tennisball nehmen. Sie können die kleine Übung im Sitzen im Büro, in der Küche oder im Stehen irgendwo zu Hause durchführen. Öffnen Sie ein Fenster und lassen Sie Frischluft in den Raum. Ziehen Sie dann Ihre Schuhe aus. Stehen Sie frei und aufrecht da. Rollen Sie jetzt langsam mit dem linken Fuß den Tennisball hin und her. Den Druck auf den Ball variieren Sie so, daß es fest und dennoch angenehm ist. Zählen Sie bis 30 und wechseln Sie dann den Fuß. Sie sollten die Übung sechsmal wiederholen. Nach einiger Zeit merken Sie langsam ein Kribbeln in den Beinen, und zugleich setzt eine gewisse Beruhigung ein. Nach der Übung atmen Sie tief durch und fühlen sich frischer.

### Fingerdruck

Wenn Sie diffuse Kopfschmerzen haben, einfach nur verkrampft oder überanstrengt sind, sollten Sie diese kleine Übung anwenden. Schließen Sie dazu die Augen. Legen Sie jeweils den Zeige- und den Mittelfinger der Hände an Ihre Schläfen. Drücken Sie so kräftig zu, wie Sie nur können. Halten Sie den Druck so lange aus, wie es Ihnen möglich ist. Lösen Sie dann den Druck langsam. Wenn Sie vorher Ihre Hände unter kaltem Wasser kühlen, erreichen Sie einen zusätzlichen Effekt. Besonders im Sommer bei Hitze oder Schwüle können Sie mit dieser Übung Entspannung finden und rasch Erleichterung verspüren. Beenden Sie die Übung mit einem tiefen Durchatmen und Sie fühlen sich frischer.

## Nackenentspannung

Wenn Sie Verspannungen im Nackenbereich spüren oder Ihnen die Schultern weh tun, hilft eine kurze gezielte Entspannung in diesem Bereich. Setzen Sie sich dazu aufrecht hin und schließen Sie die Augen. Dann neigen Sie das linke Ohr zur Schulter und legen den linken Arm locker über den Kopf. Achten Sie darauf, daß die rechte Schulter entspannt herunterhängt und nicht verkrampft angehoben wird. Lassen Sie jetzt 20 Sekunden den Eigendruck des Armes auf dem Kopf ruhen und die linke Seite unter Druck stehen. Atmen Sie ruhig und gelassen weiter. Wechseln Sie danach die Seite und üben Sie Druck auf die rechte Nackenpartie aus. Sie sollten jede Seite sechsmal gezielt an- und die andere Seite damit entspannen. Diese Übung eignet sich besonders im Auto, im Büro oder zu Hause mitten in der Hausarbeit. Beenden Sie die Übung mit einem tiefen Durchatmen.

## Einschlafhilfe

Wenn Sie Probleme mit dem Einschlafen haben, gibt es zahlreiche »Hausmittel«, von der warmen Honigmilch bis zum Schäfchenzählen. Eine Hilfe kann die Besinnung auf sich selbst sein. Legen Sie sich dazu möglichst entspannt auf den Rücken. Nichts darf Sie stören oder einengen, weder der Schlafanzug noch eine schwere Decke. Legen Sie eine Hand flach auf die Brust und die andere unterhalb des Nabels auf den Bauch. Atmen Sie entspannt aus und langsam wieder ein. Halten Sie keinen Gedanken fest. Lassen Sie alle Gedanken vorüberziehen. Konzentrieren Sie sich auf das Heben und Senken des Bauches. Spüren Sie das Atmen. Wenn Sie abgelenkt werden, kann es hilfreich sein, aufzustehen und Wasser zu trinken. Schenken Sie sich ein Glas ein und »trinken« Sie die Erregung und den Streß mit einem Schluck hinunter. Dann erst legen Sie sich wieder ins Bett mit dem Bewußtsein, die Störung beseitigt zu haben. Beginnen Sie nun von neuem sich zurechtzurücken und auf das Atmen zu konzentrieren. Erst, wenn Sie ruhig und tief atmen, haben Sie den erwünschten Entspannungszustand erreicht. Es wird viel leichter, einzuschlafen.

Diese kleinen Entspannungshilfen geben Ihnen die Möglichkeit, auch in den typischen Alltagssituationen etwas für Ihre Entspannung zu tun. Besonders in Beruf und Haushalt brauchen Sie immer wieder solche Inseln der Selbstfindung. Sie verstärken Ihre innere Ruhe und Ausgeglichenheit. Wesentlich ist nur, daß Sie die Übungen auch immer wieder praktizieren. Wenn Sie erst einmal selbstverständlich sind, möchten Sie solche kleinen Hilfen auch nicht mehr missen.

**Auf, o Seele, Du mußt lernen,**
**ohne Sternen,**
**wenn das Wetter tobt und bricht,**
**wenn der Nächte schwarze Decken**
**uns erschrecken,**
**Dir zu sein Dein eigen Licht!**

*Hofmann von Hofmannswaldau*

## Übergang zum Mental-Management

Sie eröffnen sich die Chance, aus körperlicher Entspannung heraus zu einer geistigen Entspannung zu gelangen. Es gilt, sich aus dem Alltag oder aus einer belastenden Situation zu lösen. Nur auf der Grundlage einer solchen einleitenden Entspannung kann das Mental-Management aufgebaut werden. Sie sollten deshalb zunächst die Methoden wie autogenes Training und progressive Muskelentspannung kennenlernen. Hoffentlich haben Sie diese intensiv erarbeitet, da die entsprechenden initialen Entspannungsübungen Ihnen helfen sollen, schneller zu einem Zustand der Tiefenentspannung und damit in einen Hirnwellenbereich von sieben Hertz zu gelangen. In diesem sogenannten Alpha-Zustand wird es leicht, auf das Unterbewußtsein Einfluß zu nehmen. Je müheloser und schneller Sie sich in Zukunft gezielt entspannen können und diesen Zustand der Tiefenentspannung erreichen, um so leichter kommen Sie zu einer geistig-seelischen Entspannung, die Grundlage für das Mental-Management ist.

Lernen Sie eine Entspannungsmethode, mit der Sie den Zustand der Tiefenentspannung erreichen können.

Es gibt eine Reihe von Übungen, die im Anschluß an ein

einleitendes Entspannungsmanöver zu einer Verstärkung der Entspannung führen können. Die gilt es zu erarbeiten. Ähnlich wie bei den Entspannungstechniken bedarf es der steten Wiederholung, um diese Übungen zu verinnerlichen.

**Ahme den Gang der Natur nach.**
**Ihr Geheimnis ist Geduld.**

*Ralph Waldo Emerson*

Nur durch das Üben werden Sie diese Methoden beherrschen und gezielt einsetzen können. Es wird sich nach einigen Wiederholungen zeigen, welche der einzelnen Wege für Sie besonders plastisch und damit leicht nachvollziehbar sind. Suchen Sie sich Ihre Übung heraus oder entwickeln Sie eine neue. Ihrer Phantasie sind keine Grenzen gesetzt. Wenn Sie verstanden und erlebt haben, was Sie erreichen sollen, spielt nicht mehr die Methode die entscheidende Rolle, sondern das Ergebnis.

## Körperwanderung

Sie sollten sich auf eine etwas härtere Unterlage auf den Rücken legen. Wesentlich ist, daß Sie völlig gerade daliegen. Die Wirbelsäule, der Hals und der Kopf sollten eine Waagerechte bilden. Die Arme legen Sie locker neben Ihren Körper. Schließen Sie die Augen und konzentrieren Sie sich auf den Punkt zwischen Ihren Augenbrauen. Lassen Sie Ihre Gedanken vorbeiziehen und halten Sie keinen Gedanken fest. Beginnen Sie dann mit der Reise durch Ihren Körper. Lenken Sie alle Aufmerksamkeit auf den linken Arm. Beginnen Sie in Gedanken Ihren Arm hinunterzuwandern bis zum Daumen Ihrer linken Hand. Konzentrieren Sie sich mit voller Kraft auf den Daumen, so daß Sie den restlichen Körper deutlich weniger wahrnehmen. Dann entspannen Sie den Daumen sehr bewußt in Ihrer Vorstellung, bis Sie ein Erschlaffen der Daumenmuskel erleben. Verfahren Sie danach mit allen Fingern in gleicher Weise. Schließlich wechseln Sie von der einen Hand zur anderen, indem Sie sich wie auf einem Suchstrahl

Die Körperreise dient zur völligen Loslösung vom Alltag.

durch den Körper von einem Arm zum anderen bewegen. Wenn Sie die rechte Hand Finger für Finger entspannt haben, wenden Sie sich den Füßen zu. Auf diese Weise reisen Sie in Gedanken durch den ganzen Körper. Ziel ist es, sich aus dem Alltag vollständig zu lösen. Nur noch die Entspannung und der eigene Körper zählen in diesem Moment. Wenn Sie die Reise durch Ihren Körper vervollständigt haben, nehmen Sie die Entspannung zurück. Reißen Sie die Arme an die Brust und ballen die Fäuste. Atmen Sie dann tief durch und öffnen Sie anschließend die Augen.

### Rolltreppe

Legen Sie sich wieder ganz flach auf den Rücken. Benutzen Sie eine härtere Unterlage. Wichtig ist, daß Sie gerade und locker daliegen. Die Arme haben Sie entspannt neben Ihren Körper gelegt. Schließen Sie jetzt Ihre Augen. Konzentrieren Sie sich auf den Punkt zwischen Ihren Augenbrauen. Lassen Sie Ihre Gedanken vorbeiziehen. Halten Sie keinen Gedanken mehr fest. Statt dessen stellen Sie sich eine Rolltreppe vor. Sie treten auf die Rolltreppe und fahren langsam nach unten. Sie lassen dabei alle störenden Gedanken auf dem oberen Absatz zurück. Je tiefer Sie fahren, um so ruhiger und entspannter werden Sie. Sobald Sie unten angekommen sind, wartet schon die nächste Rolltreppe auf Sie. Sie fahren langsam nach unten. Sie werden dabei noch ruhiger und entspannter. Ihr Atem geht ruhig und gleichmäßig. Unten angekommen begeben Sie sich auf die nächste Rolltreppe. Fahren Sie einige Rolltreppen hinunter, bis Sie eine wohlige Entspannung verspüren. Sie haben jetzt eine tiefe Entspannung erreicht. Genießen Sie diesen Zustand und nehmen Sie ihn dann wieder zurück. Dazu reißen Sie die Arme an die Brust und ballen die Fäuste. Anschließend atmen Sie tief durch und öffnen die Augen.

### Segelflieger

Legen Sie sich entspannt auf eine härtere Unterlage. Achten Sie darauf, daß der Kopf, der Hals und die Wirbelsäule gerade liegen und eine Waagerechte bilden. Die Arme legen Sie locker neben Ihren Körper. Schließen Sie jetzt Ihre Augen und konzentrieren Sie sich auf den Punkt zwischen Ihren Augenbrauen. Ihre Gedanken lassen Sie einfach hinter sich. Halten Sie keinen Gedanken fest. Stellen Sie sich jetzt einen Segelflieger vor, wie er von ganz oben langsam und in weiten Bögen durch die Lüfte schwingt. Sie können sich ganz deutlich den Segelflieger vorstellen. Es gelingt Ihnen sogar, sich in dieses Flugzeug zu versetzen. Langsam und majestätisch schweben Sie mit diesem Flieger immer tiefer und tiefer. Sie lassen Ihre Gedanken in den Wolken zurück und konzentrieren sich auf die Entspannung. Mit jeder Schleife wird Sie stärker und stärker. Wenn Sie sich richtig frei und entspannt fühlen, kommen Sie der Erde näher. Sie landen und nehmen gleichzeitig die Entspannung zurück. Dazu reißen Sie die Arme ruckartig an die Brust und ballen die Fäuste. Atmen Sie dann tief durch und öffnen Sie schließlich Ihre Augen.

## Treppe

Wenn Sie Probleme mit der Vorstellung eines Segelfluges haben, können Sie auch das Bild der Treppe wählen. Dazu gehen Sie wieder in Ihre Ausgangsposition. Legen Sie sich entspannt auf eine härtere Unterlage. Achten Sie darauf, daß Sie flach auf dem Rücken liegen. Ihre Arme ordnen Sie locker neben Ihren Körper. Schließen Sie jetzt Ihre Augen und konzentrieren Sie sich auf den Punkt zwischen Ihren Augenbrauen. Ihre Gedanken lassen Sie einfach hinter sich. Halten Sie keinen Gedanken fest. Stellen Sie sich eine Treppe vor. Sie gehen langsam Stufe für Stufe hinab. Ganz bewußt nehmen Sie jede Stufe nach unten wahr. Sie können sich ganz deutlich auf dieser Treppe vorstellen. Mit jeder Stufe entspannen Sie mehr und mehr. Immer tiefer und tiefer gehen Sie hinab und immer intensiver wird Ihre Entspannung. Sie fühlen sich frei und sehr wohl. Wenn Sie ganz entspannt sind, können Sie Ihre Entspannung wieder zurücknehmen. Sie reißen dazu Ihre Arme ruckartig an die Brust und ballen die Fäuste. Atmen Sie dann tief durch und öffnen Sie Ihre Augen.

Es ist ein kleiner Schritt von diesen Entspannungsübungen zur bewußten Programmierung Ihres Unterbewußtseins. Als Voraussetzung lösen Sie sich aus der jeweiligen Alltagssituation. Wenn Sie eine sehr tiefe Entspannung erreicht haben und sich im sogenannten Alpha-Zustand befinden, haben Sie einen direkten Zugang zu Ihrem Unterbewußtsein. Es gelingt Ihnen von da an leicht, Bilder in Ihr Unterbewußtsein einzulagern. Sie brauchen dazu nur den Schritt von der Tiefenentspannung zur Autosuggestion zu gehen. Sie müssen nur noch wollen!

**Ein großer Teil des inneren Fortschritts liegt schon im Willen zum Fortschritt.**

*Lucius Annaeus Seneca*

Gehen Sie den kleinen Schritt von der Tiefenentspannung zur Autosuggestion – dann haben Sie direkten Zugang zu Ihrem Unterbewußtsein.

Am Beispiel der Treppe können Sie diesen Übergang ganz leicht nachvollziehen. Versetzen Sie sich zurück zum stufenweisen Hinuntergehen. Sie nehmen also sehr bewußt die Stufen. Von Stufe zu Stufe wird Ihre Entspannung tiefer und tiefer. Sie fühlen sich dabei ganz wohl und spüren eine tiefe Entspannung. Dann erreichen Sie schließlich ein großes Tor. Es ist das Tor zu Ihrem Unterbewußtsein. In Ihrer Vorstellung können Sie jetzt ganz leicht das Tor zu Ihrem Unterbewußtsein öffnen. Alles was Sie sich von da an sagen und vorstellen, kann direkt in Ihr Unterbewußtsein gelangen. Sie haben den Schlüssel zur gezielten mentalen Beeinflussung in der Hand.

Wenn Sie Schwierigkeiten haben, die Übung frei aus dem Kopf zu steuern, können Sie die Schritte auch auf Band aufnehmen und sich selbst vorsagen. Sprechen Sie den Text dazu ruhig, langsam und deutlich. Sie werden am Anfang vielleicht auch Schwierigkeiten haben, die Konzentration auf die Entspannung aufrechtzuerhalten. Durch stetes Üben erreichen Sie den Zugang zu Ihrem Unterbewußtsein. Nehmen Sie sich dafür eine feste Zeit. Schreiben Sie sich Ihr Vorhaben in den Kalender. Sie machen sich auf, den Weg zu Ihrer Mitte ein großes Stück weiterzugehen.

Ich will, dies Wort ist mächtig.
Spricht's einer ernst und still,
die Sterne reißt's vom Himmel,
das eine Wort: Ich will!

*Johann Wolfgang von Goethe*

Mit einer Übung wollen wir den **Übergang** von der gezielten Entspannung zum Mental-Management versuchen. Voraussetzung ist, daß Sie sehr rasch und auf Anforderung eine tiefe Entspannung erreichen. Für jede Übung sollen Sie sich ein konkretes Ziel vornehmen. Im folgenden Beispiel ist es Ihr Ziel, entspannt, heiter und gelassen zu werden. Sie werden dieses Ziel beim ersten Versuch vielleicht nicht erreichen. Lassen Sie sich nicht entmutigen. Versuchen Sie es immer wieder. Sie können den folgenden Text in Ich-Form auf eine Kassette aufnehmen und sich vorspielen. Dies hilft, sich besser auf die Entspannung zu konzentrieren.

Was ganz deutlich wird, ist die **Grundstruktur des Mental-Managements:** Sich aus der Alltagssituation lösen, auf das Entspannen konzentrieren, gezieltes Erreichen von Tiefenentspannung, Halten im Alpha-Zustand, Aufbau von Bilderwelten, Eingabe von positiven Formeln und schließlich Rückführung in den Alltag. Nach diesem Schema werden Sie in Zukunft immer verfahren. Variieren lassen sich der Einstieg in die gezielte Entspannung und die Formeln. Diese sind abhängig von dem Ziel, das erreicht werden soll. Welche Vorstellungen und Bilder sollen verwirklicht werden? Welche negativen Bilder sollen ausgeglichen werden? Welche falschen Vorstellungen sind zu verändern und zu positivieren? Was ist Ihr nächstes Ziel?

## Mental-Management

Wenn Sie die das Buch bis hierher verfolgt haben und immer wieder an sich und mit sich gearbeitet haben, werden Sie auch die Frage beantworten können, wozu Sie diese Entwicklung auf sich genommen haben. Sie sind auf Ihrem Weg zur Mitte und haben erkannt, welche ungeheuren Möglichkeiten sich Ihnen eröffnen. Mehr Lebensqualität, innere Harmonie und Perspektiven bieten sich Ihnen. Sie brauchen nur zuzugreifen wie nach den reifen Früchten an einem Baum.

## Suggestion

Voraussetzung für Suggestion, besonders für die Autosuggestion, ist die tiefe Entspannung. Sie brauchen Abstand vom Alltag. Nur wenn Sie sich aus der aktuellen Lage zu lösen vermögen, werden Sie an und mit sich arbeiten können. Dies kann zu einer ganz starken Herausforderung werden, wenn Streß, Angst und Wut Sie bewegen. Auch in solchen Situationen werden Sie lernen, sich Ihren Zugang zur Entspannung zu verschaffen. Wenn es Ihnen zunehmend leichter und schneller gelingt, sich unter idealen Übungsbedingungen zu entspannen, werden Sie es auch im rauhen Alltag immer besser beherrschen. Der Entspannungserfolg wird sich sicher nicht sofort einstellen. Sie dürfen aber nicht aufgeben. Denken Sie an Ihr Ziel: Sie sind auf Ihrem Weg zur Mitte! Nichts wird Sie davon abhalten. Ganz im Gegenteil, Sie werden erkennen, wie hilfreich Entspannungsübungen sein können und welche starken Hilfen aus der Arbeit mit sich und dem Unterbewußtsein erwachsen können. Vorstellung kann Wirklichkeit werden. Es ist an Ihnen, daran zu arbeiten und zu wachsen. Dies braucht Zeit, Geduld und Übung.

*Geben Sie nicht auf, wenn sich nicht sofort ein Entspannungserfolg einstellt.*

> **Nicht weil es schwer ist, wagen wir's nicht,**
> **sondern weil wir's nicht wagen, ist es schwer.**
>
> *Lucius Annaeus Seneca*

Zugleich sollten Sie sich vor den eigentlichen Mentalübungen einige Grundregeln vor Augen führen. Sie verhelfen zu realistischen Erwartungen und zu größerem Erfolg. Denken Sie stets daran, Ihr Unterbewußtsein gleicht einem Höhlenmenschen mit all seinen schlichten und ursprünglichen Reaktionsweisen und Denkprozessen.

Wenn Sie Suggestionsformeln eingeben, sollten sie so formuliert sein, als sei das zu Erreichende bereits Wirklichkeit. Wenn Sie also zum Beispiel ruhiger werden wollen, sollte die Botschaft an Ihr Unterbewußtsein lauten: »Ich bin ganz ruhig!« Das Finalbild, das Sie sich ganz fest wünschen, soll beschrieben werden.

Umschreiben Sie Ihre Zielvorstellungen nicht mit zu vielen Details. Ihr Unterbewußtsein erwartet einfache Mitteilungen. Konzentrieren Sie sich auf wenige Vorstellungen, die Ihnen auch gefühlsmäßig besonders wichtig sind. Wenn Sie etwas wirklich aus innerstem Herzen heraus wollen, dann hat dies eine hohe Verwirklichungstendenz.

Bildhafte Vorstellungen, vor allem einfache und einprägsame, vermag das Unterbewußtsein leichter aufzunehmen. Besonders gut lassen sich starke Bilder verbunden mit starken Gefühlen ins Unterbewußtsein einlagern. Gedanken gleichen zum Beispiel den Wolken am Himmel, die vorüberziehen, oder dem Handschuh, den Sie abstreifen.

Sie wollen sich selbst stets auf das Positive einstellen und zum Weitermachen animieren. Enttäuschungen entstehen aus falschen Erwartungen. Also stellen Sie sich von Anfang an mit realistischen Erwartungen auf die zu erreichenden Vorstellungen ein. Mißerfolge können Sie aber nicht verunsichern. Sie wissen, was Sie wollen.

Behalten Sie Ihre initialen Versuche zunächst für sich. Es gibt in Ihrer Umgebung viel zuviele Menschen, die so negativ programmiert sind, daß sie Chancen und Möglichkeiten nicht einschätzen können. Einige werden auch einfach neidisch sein.

Lassen Sie sich nicht vom Negativismus der anderen anstecken. Lassen Sie sich nicht die fatalistischen Gedanken der vielen enttäuschten und ziellosen Mitmenschen überstülpen. Sie sind auf dem richtigen Weg. Genießen Sie Ihre neue Einstellung und die Möglichkeit der aktiven Programmierung.

---

Benützen Sie einfache Formeln, die Ihre Zielvorstellung beinhalten.

Verwenden Sie starke einprägsame Bilder.

Gehen Sie von realistischen Erwartungen aus.

**Nicht, wenn für Dich selber etwas schwer zu bewältigen ist, annehmen, es sei dies dem Menschen unmöglich, sondern, wenn etwas den Menschen möglich und eigen ist, glaub, daß dies auch für Dich erreichbar ist.**

*Marc Aurel*

Als Einstieg in die gezielte Programmierung werden Sie jetzt auf eine **Phantasiereise** gehen. Lesen Sie den Text aufmerksam durch und stellen Sie sich die aufgerufenen Bilder vor. Sprechen Sie den Text am besten auf ein Tonband und spielen Sie es sich zum Üben ab. Es fällt Ihnen dann sicherlich leichter, sich auf die Übung und auf die Bilder zu konzentrieren. Sie brauchen nur noch an den Text zu Ihrer Tiefenentspannung den Bildertext anhängen.

**Sprechen Sie den Bildtext auf Band und hängen Sie ihn an den Entspannungstext an.**

Der Übergang von der Entspannung zum Mental-Management wird bewältigt durch ein starkes Bild, das zu tieferer Entspannung und in den 7-Hz-Bereich führt. Als entsprechende visuelle Hilfen bieten sich die bereits bekannten Bilder von einer Treppe oder von einem Segelflieger an. Ihrer Phantasie sind keine Grenzen gesetzt.

Nur, wenn Sie diese Phantasiereise auch richtig nachvollziehen können, bringt sie Ihnen auch die erhoffte Entspannung. Sie sollen sich jetzt verschiedene Bilder vor Augen führen. Beschäftigen Sie sich damit und prüfen Sie, ob Sie diese umsetzen können. Möglicherweise brauchen Sie auch andere Bilder. Sie können Ihren speziellen Ort der Stille und der Einkehr einfügen. Beschreiben Sie Ihren Lieblingsort, den Sie sich ganz genau vorstellen können. Vielleicht führen Sie sich an eine Waldlichtung, auf eine Almwiese oder an einen einsamen Strand im Süden. Wesentlich ist, daß Sie sich das Bild gut vorstellen können und sich dabei ganz wohl fühlen. Hier nun einige Beispiele:

**Bilder für die Phantasiereise**

— ... Ich bin völlig entspannt und ruhig. Vor meinem geistigen Auge entsteht nun ein Bild. Ich befinde mich auf einer großen, grünen Wiese. Ich laufe barfuß über diese schöne Wiese. Ich spüre das Gras unter meinen Sohlen und fühle mich dabei ganz wohl. Weich und angenehm ist diese Wiese.

■ In der Ferne sehe ich einen großen Ballon auf der Wiese ankern. Ich gehe auf ihn zu. Ein gemütlich dreinschauender Korb lädt mich ein, ihn zu besteigen. Voll Unternehmungslust und Vorfreude steige ich hinein. Ich löse den Anker, und langsam erhebt sich der Ballon mit mir in die Luft. Ich schwebe ganz sacht nach oben, immer höher und höher. Ein unbeschreiblich wohliges Gefühl durchströmt mich. Hier in diesem Ballon weit über der Erde gefällt es mir. Hier oben ist es ganz angenehm still. All der Trubel und der Alltag bleiben unter mir. Ich bin mit mir allein und unendlich froh.

■ Der Ballon steigt jetzt höher und höher. Die Wiese und der Alltag werden ganz klein. Ich schaue aus dem Korb und sehe mich an grünen Tannen und hellgrünen Laubbäumen vorüberschweben. In der warmen Sonne liegt unter mir ein kleiner Fluß. Er fließt ruhig und stetig voran. Gerne schaue ich dem fließenden Gewässer nach. Ein Bild des Friedens prägt sich mir deutlich ein. Ich bin ganz ruhig und fühle mich unsagbar wohl.

■ Ich schaue aus dem Korb und bemerke, daß es langsam Abend wird. Die Sonne beginnt sich dunkelrot zu färben. Langsam zieht die Dämmerung herauf. Es wird Zeit für mich, zu landen. Ich suche mir einen Platz auf einer Wiese. Langsam, ganz langsam schwebe ich zur Erde zurück. Ich bin froh, auf dieser Reise gewesen zu sein. Mein Körper und meine Seele haben sich mit neuer Energie gefüllt. Ich fühle mich unsagbar wohl und freue mich auf meinen Alltag. Ich weiß, ich kann jederzeit wieder an diesen Ort der Stille, der Einkehr und der Freude zurückkehren.

■ Ich zähle mit geschlossenen Augen langsam von drei bis eins. Drei – ich bin ganz ruhig und fühle mich ganz wohl.

Meine Akkus sind mit neuer Energie geladen. Zwei – mein Herz schlägt ruhig und gleichmäßig. Ich werde wacher und wacher. Eins – ich werde jetzt ganz wach. Ich reiße die Arme an den Körper, öffne meine Augen und atme tief durch. Mein Atem geht jetzt wieder ruhig und gleichmäßig. Ich bin ganz wach und voll da. Ich fühle mich frisch, erholt und ganz auf mich konzentriert.

Vielleicht klappt es mit einer zweiten Phantasiereise sogar noch besser:

▬ ... Ich bin völlig entspannt und ruhig. Vor meinem geistigen Auge entsteht nun ein Bild. Ich stehe vor einer Sanddüne mit hellem und feinem Sand. Ich laufe barfuß über den warmen Sand. Ich spüre den Sand unter meinen Sohlen. Angenehm ist der Sand, und gerne laufe ich über die Düne.

▬ Vom Dünenkamm aus blicke ich auf das Meer. Breit und ruhig liegt es im Sonnenlicht. Unbeschwert und froh schaue ich auf das weite Blau. Kleine Wellen rollen an den Strand. Ich höre das sanfte Rauschen des Meeres und freue mich, hier zu sein. Es ist ganz angenehm still. All der Trubel und der Alltag verschwinden. Ich bin mit mir allein und unendlich froh.

▬ Ich lege mich auf den warmen Sand und schaue in den Himmel. Ein sanfter Wind streicht über meinen Körper und über mein Gesicht. Kleine weiße Wolken ziehen vorüber. Mit ihnen ziehen meine Gedanken dahin. Ich bin ganz ruhig und fühle mich unsagbar wohl.

▬ Im Hintergrund höre ich das sanfte Rauschen des Meeres. Das Dünengras wiegt sich leicht im Wind. Ich fühle nur noch Ruhe und Harmonie. Es ist ein schöner Ort weit weg vom Trubel und Alltag. Die Sonne wärmt mich und die Wärme verteilt sich über meinen ganzen Körper. Ich spüre, wie sich meine inneren Batterien mit Energie aufladen. Ich bin ganz ruhig und fühle mich unsagbar wohl. Ein intensives Gefühl der Freude breitet sich in mir aus.

■ Ich schaue in den Himmel und bemerke, daß es langsam Abend wird. Die Sonne beginnt sich dunkelrot zu färben. Langsam zieht die Dämmerung herauf. Es wird Zeit für mich, in meinen gewohnten Alltag zurückzukehren. Ich bin froh, auf dieser Reise gewesen zu sein. Mein Körper und meine Seele haben sich mit neuer Energie gefüllt. Ich fühle mich unsagbar wohl und freue mich auf meinen Alltag. Ich weiß, ich kann jederzeit wieder an diesen Ort der Stille, der Einkehr und der Freude zurückkehren.

■ Ich zähle mit geschlossenen Augen langsam von drei bis eins. Drei – ich bin ganz ruhig und fühle mich ganz wohl. Meine Akkus sind mit neuer Energie geladen. Zwei – mein Herz schlägt ruhig und gleichmäßig. Ich werde wacher und wacher. Eins – ich werde jetzt ganz wach. Ich reiße die Arme an den Körper, öffne meine Augen und atme tief durch. Mein Atem geht jetzt wieder ruhig und gleichmäßig. Ich bin ganz wach und voll da. Ich fühle mich frisch, erholt und ganz auf mich konzentriert.

Nun kann es sein, daß Sie sich einen Strand am Meer nur sehr schwer vorstellen können. Aber in den Bergen haben Sie schon manche schöne Tour gemacht. Deshalb hilft gerade Ihnen besser ein Bild vom Bergaufstieg.

■ ... Ich bin völlig entspannt und ruhig. Vor meinem geistigen Auge entsteht nun ein Bild. Ich befinde mich auf einer Bergwanderung. Langsam und stetig steige ich voran. Ohne Mühen bewältige ich den Aufstieg. Ich spüre die Spannung in meinen Waden und fühle mich dabei ganz wohl. Aufwärts und aufwärts führt mich mein Weg.

■ In der Ferne sehe ich eine Hütte. Sie liegt umsäumt von Bäumen an einer Waldlichtung. Es ist ein gemütlich dreinschauendes, festes Haus. Gerne verweile ich vor diesem

Haus und fühle mich unendlich froh. Hier oben ist es ganz still. All der Trubel und der Alltag sind hinter mir zurückgeblieben. Ich bin allein, bin ganz ruhig und fühle mich unsagbar wohl.

■ Ich steige weiter, immer höher und höher. Die Bergwiese mit dem Haus lasse ich hinter mir und steige höher und höher. Langsam erreiche ich den Gipfel. Von dort aus schaue ich in das Tal. In der warmen Sonne liegt das Tal friedlich unter mir. Alles ist klein und überschaubar. Hier oben fühle ich mich unsagbar wohl. Es ist schön, und ich bin ganz ruhig. Das Bild des Friedens prägt sich mir ein.

■ Ich schaue in das Tal und weiß, daß es Zeit ist für mich zurückzukehren. Langsam steige ich hinunter ins Tal. Ich bin froh, auf dem Berg gewesen zu sein. Mein Körper und meine Seele haben sich mit neuer Energie gefüllt. Ich fühle mich unsagbar wohl und freue mich auf meinen Alltag. Ich weiß, ich kann jederzeit wieder an diesen Ort der Stille, der Einkehr und der Freude zurückkehren.

■ Ich zähle mit geschlossenen Augen langsam von drei bis eins. Drei – ich bin ganz ruhig und fühle mich ganz wohl. Meine Akkus sind mit neuer Energie geladen. Zwei – mein Herz schlägt ruhig und gleichmäßig. Ich werde wacher und wacher. Eins – ich werde jetzt ganz wach. Ich reiße die Arme an den Körper, öffne meine Augen und atme tief durch. Mein Atem geht jetzt wieder ruhig und gleichmäßig. Ich bin ganz wach und voll da. Ich fühle mich frisch, erholt und ganz auf mich konzentriert.

## Formelsammlungen

Stellen Sie klare positive Formeln auf.

Wenn Sie sich programmieren wollen und dabei auf eine ganz bestimmte Lebenssituation eingehen wollen, sollten Sie sich zunächst darüber klar werden, was Sie erreichen wollen. Notieren Sie Ihre Probleme oder Ihre nächsten Ziele. Welche Gedanken wollen Sie ersetzen oder welche verstärken? Sie sollten zunächst Ihre Gedanken ordnen und hierarchisieren. Erst dann können Sie daran gehen, die entsprechenden Formeln zu formulieren. Denken Sie dabei an die Regeln, die Sie bereits gelesen haben. Formulieren Sie nur tatsächlich Vorstellbares. Wesentlich ist eine positive und klare Formulierung, wobei Sie stets den Endzustand als bereits erreicht unterstellen. Verwenden Sie möglichst wenige Aussagen und denken Sie an die Wiederholungen.

Sie finden in der Folge Stichworte, unter denen einige Formulierungen angeboten werden. Diese Detailformeln sollten in einen Gesamttext eingebaut werden.

Die Reihenfolge für eine **gezielte Programmierung** ist dabei immer gleich:

**Reihenfolge der gezielten Programmierung**

1. Entspannungseinstieg
2. Übergang zur Tiefenentspannung
3. Allgemeiner Einstieg ins Mental-Management
4. Konkrete Formel
5. Rückführung

Zur Vorbereitung sollten Sie folgende Fragen klären:

**Vorbereitung**

- Habe ich mich vergewissert, daß ich ungestört bleibe?
- Herrscht eine angenehme Raumtemperatur?
- In welcher Haltung erreiche ich meine optimale Entspannung?
- Kann ich mich bequem hinlegen?
- Kann ich in der Droschkenkutscher-Haltung tatsächlich ausreichend entspannen?
- Sind die Lichtverhältnisse optimal?
- Ist meine Kleidung gelockert?
- Habe ich meine Brille abgelegt?
- Welcher Einstieg zur Entspannung ist für mich der richtige?

## 1. Entspannungseinstieg

Legen Sie sich locker, entspannt und ruhig hin. Lassen Sie sich einfach fallen. Nehmen Sie die Zähne auseinander und entkrampfen Sie Ihr ganzes Gesicht. Schließen Sie Ihre Augen und schauen Sie bei geschlossenen Augen auf die Nasenwurzel. Sagen Sie sich: »Ich bin ganz ruhig.«

Mein Körper ist ganz schwer.
Ich bin ganz ruhig.
Mein Körper ist ganz warm.
Ich bin ganz ruhig.
Mein Herz schlägt ruhig und gleichmäßig.
Ich bin ganz ruhig.
Es atmet mich.
Ich bin ganz ruhig.
Mein Bauch ist strömend warm.
Ich bin ganz ruhig.
Meine Stirn ist kühl.
Ich bin ganz ruhig.

### 2. Übergang zur Tiefenentspannung

Ich lasse jetzt einfach los. Alle Sorgen, alle Ängste und alle Belastungen des Alltags streife ich ab wie einen Handschuh. Ich bin ganz ruhig und entspannt. Alle Gedanken lasse ich vorüberziehen wie die Wolken am Himmel. Wie die Wolken am Himmel so ziehen alle Gedanken vorüber. Ich halte keinen Gedanken fest. Ich lasse einfach los! Nichts kann mich jetzt mehr stören. Alle Störungen von außen ziehen ohne Bedeutung an mir vorbei.

Langsam gehe ich meinen ganzen Körper durch. Ich liege ganz locker da. Meine Muskulatur ist entspannt, und mein Körper beruhigt sich. Mein Herzschlag beruhigt sich. Ich schalte meine Umgebung aus und konzentriere mich vollständig auf meine Entspannung. Mein Blick ist auf die Nasenwurzel gerichtet. Nichts ist jetzt mehr wichtig außer meiner Entspannung. Ich fühle mich ganz frei, entspannt und sehr, sehr wohl. Mit jedem Atemzug sinke ich nun tiefer und tiefer in das angenehme Gefühl tiefer Entspannung.

### 3. Allgemeiner Einstieg ins Mental-Management

Tiefer und immer tiefer wird meine Entspannung. Ich steige eine Treppe hinab.

Mit jeder Stufe wird meine Entspannung tiefer und tiefer. Tiefer und tiefer wird meine Entspannung. Stufe um Stufe steige ich die Treppe hinab. Tiefer und tiefer wird das angenehme Gefühl der körperlichen und geistigen Entspannung. Stufe um Stufe steige ich eine Treppe hinab und mit jeder Stufe wird meine Entspannung tiefer und tiefer. Tiefer und tiefer wird dies angenehme Gefühl mentaler Entspannung.

Am Ende der Treppe erreiche ich ein Tor. Es ist das Tor zu meinem Unterbewußtsein. Weit, ganz weit öffnet sich dieses Tor zu meinem Unterbewußtsein. Alles, was ich jetzt sage, dringt ganz leicht und tief in mein Unterbewußtsein ein und verankert sich dort unauslöschlich.

### 4. Konkrete Formel: Beispiel Kreativität

Ich fühle mich ganz frei, entspannt und sehr, sehr wohl. Ich bin ganz ruhig. Vor meinem geistigen Auge entsteht nun ein Bild. Ich sehe mich an meinem Schreibtisch und ich bin vollkommen kreativ. Meine Kreativität ist ganz natürlich. Aus meinem tiefsten Inneren entwickeln sich spontan neue und witzige Ideen. Sie sprudeln hervor wie aus einer tiefen Quelle. Diese Quelle ist meine Intuition, hilft mir und macht mich dabei froh und glücklich. Ich fühle mich sehr, sehr wohl. In meinem tiefsten Innern entwickelt sich das Bild von mir als einem kreativen und glücklichen Menschen. Es verankert sich tief in meinem Unterbewußtsein. Das Bild von mir als einem kreativen und glücklichen Menschen verankert sich tief in meinem Unterbewußtsein.

### 5. Rückführung

Mit jedem Tag entwickelt sich meine Kreativität. Ich fühle mich sehr, sehr wohl. In meinem tiefsten Inneren weiß ich, daß ich an diesen Ort der Stärkung und der Verbesserung jederzeit zurückkehren kann.

Mein ganzer Körper ist tief entspannt. Ich zähle mit geschlossenen Augen langsam von drei bis eins. Bei eins werde ich wieder wach sein und voller Energie und Kreativität.

Drei – ich bin ganz ruhig und fühle mich ganz wohl. Meine Akkus sind mit neuer Energie geladen. Zwei – mein Herz schlägt ruhig und gleichmäßig. Ich werde wacher und wacher. Eins – ich werde jetzt ganz wach. Ich reiße die Arme an den Körper, öffne meine Augen und atme tief durch. Ich bin ganz wach und voll da. Ich fühle mich frisch, erholt und ganz konzentriert.

Für bestimmte Situationen sollten Sie eine individuelle Formel verwenden, mit der Sie »zurechtkommen«. Sie können sie in einem Übungsablauf, wie er gerade beschrieben wurde, im Teil 3 einbauen. Dabei können Sie auf Befindlichkeitsstörungen eingehen.

**Gezieltes Mental-Management können Sie gegen verschiedene Befindlichkeitsstörungen einsetzen.**

Die sogenannten Befindlichkeitsstörungen sind keine schweren Erkrankungen, aber sie haben dennoch Krankheitswert. Das Befinden des Betroffenen ist gestört. Es kann sich dabei um Schlafstörungen, diffuse Verdauungsprobleme, rheumatische Attacken oder unspezifische Kreislaufstörungen handeln. Damit eröffnet sich für das Mental-Management ein weites Feld. Mit einer gezielten Suggestionsarbeit können erstaunliche Erfolge erzielt werden. Bereits im ersten Teil war von den Erfahrungen mit Mentaltherapien berichtet worden. Wenn Sie an solchen Befindlichkeitsstörungen leiden, können Sie durch eine gezielte Mentalarbeit zumindest Ihr Allgemeinbefinden verbessern und für Ruhe bzw. innere Kraft sorgen. Es wird schon viel helfen, wenn Sie Ihre innere Harmonie wieder herstellen. Selbstverständlich ersetzt die Autosuggestion nicht den Gang zum Arzt oder zum Psychotherapeuten. So bedarf es z. B. bei einer hartnäckigen und anhaltenden Schlafstörung der Hilfe von Therapeuten. Aber vielleicht kommt es durch ein harmonisches und ausgeglichenes Sein erst gar nicht zu solchen Schwierigkeiten.

Wenn Sie sich Ihr Programm mit der für Sie erforderlichen Formel zurechtgelegt und formuliert haben, dann gehen Sie an die Umsetzung. Am besten ist es, wenn Sie den Text auf Kassette aufnehmen.

Sie können auch Musik unterlegen. Achten Sie dabei auf die Auswahl. Es sollten Stücke sein, die Ihnen gefallen, angenehm sind und eine beruhigende Wirkung ausüben. Es gibt »klassische« Empfehlungen: Beethovens »Mondscheinsonate«, Bachs »Air« oder Chopins Prelude op. 28. Besonders schön sind Teile aus Beethovens 6. Symphonie und Tschaikowskys Symphonie Nr. 1, 2. Satz. Es gibt auch zahllose gute meditative Stücke wie Kitaros »Silk Road« oder Schoeners »Music for Meditation«. Entspannung per Knopfdruck verheißen auch die »Tibetan Mantras« oder die »Spirits of Nature«.

Nur stetes Üben mit immer der gleichen Formel bringt Erfolg! Sie haben nur für sich zu entscheiden, was Ihnen wirklich wichtig ist.

## Erfolgsprogramme

### Selbstvertrauen

Ich erkenne mich als einen Menschen voller Sicherheit und voller Selbstvertrauen. Mit jedem Tag wachsen meine Sicherheit und mein Selbstvertrauen. Ruhig und gelassen gehe ich in den Tag, denn ich weiß, ich bin sicher und habe ein starkes Selbstvertrauen. Ich fühle mich wohl und stark wie eine alte Eiche im Sturm. Aus meinen Fehlern lerne ich, und daraus wachsen weitere Sicherheit und weiteres Selbstvertrauen. Ich bin froh und glücklich. In meinem tiefsten Innern entwickelt sich ein Gefühl von Stärke. Das Bild von mir als einem sicheren und selbstbewußten Menschen verankert sich tief in meinem Unterbewußtsein.

### Prüfungsangst

Ich erkenne mich als erfolgreichen Menschen. Heiter und gelassen gehe ich auf meine Aufgaben zu. Meine Konzentrationskraft vertreibt meine Nervosität. Meine Konzentrationskraft vertreibt meine Nervosität. Ich habe den festen Willen, meine Aufgaben erfolgreich zu meistern. Ich freue mich über die Herausforderung und ich bin glücklich, mich beweisen zu können. Mein Wissen gibt mir Kraft und Stärke. Ich kann

> Benützen Sie die entsprechende Formel für Ihr gezieltes Mental-Management.

mein Wissen lesen wie in einem offenen Buch. Das Bild von mir als einem Menschen, der die Prüfung erfolgreich bestreitet, verankert sich tief in meinem Unterbewußtsein

### Schlafbeschwerden

Ich erkenne mich als einen Menschen, der in sich ruht. All die Hektik und der Streß des Alltags fallen von mir ab wie die Blätter vom Baum. Ich bin gelassen und ruhig. Ruhig und gelassen finde ich zu mir. Ich freue mich auf einen erfrischenden und tiefen Schlaf. Mein Wohlbefinden umhüllt mich wie ein schützender Mantel. Mein Herz schlägt ruhig und gleichmäßig. Und auch mein Atem geht ruhig und gleichmäßig. Ich fühle mich ganz wohl. Das Bild von mir als einem Menschen, der tief und erholsam schläft, verankert sich tief in meinem Unterbewußtsein.

### Unruhe

Ich erkenne mich als einen ruhigen Menschen. Ruhe und nochmals Ruhe ist in allem, was ich tue. Heiter und gelassen lasse ich alles hinter mir. Bei allem, was ich tue, bin ich ruhig und gelassen. Meine Gelassenheit und meine Ruhe wachsen von Tag zu Tag. Ich freue mich auf meine nervliche Stärke und auf meine Ruhe, die sich aus meinem tiefsten Inneren entwickelt. Das Bild von mir als einem ruhigen und gelassenen Menschen verankert sich tief in meinem Unterbewußtsein.

### Streß

Ich erkenne mich als einen ruhigen und ausgeglichenen Menschen. Von Tag zu Tag wächst meine innere Ruhe. Meine innere Ruhe wächst von Tag zu Tag. Alle Hektik und Unruhe um mich herum können mir nichts anhaben. Ich trage meine innere Ruhe wie einen schützenden Panzer. Ich bin glücklich, denn ich weiß mit dem Streß des Alltags umzugehen. Mit Kraft und klaren Konzepten bewältige ich alle Probleme des Alltags. Meine Ruhe und Gelassenheit werden von Tag zu Tag stärker und stärker. Das Bild von mir als einem gelassenen und heiteren Menschen verankert sich tief in meinem Unterbewußtsein.

## Verdauungsbeschwerden

Ich erkenne mich als einen ruhigen und ausgeglichenen Menschen. Mein Magen und mein Darm arbeiten in rechter Weise. Auch im stärksten Alltagsdruck bleibt meine Verdauung ruhig und gleichmäßig. Alle Organe arbeiten harmonisch miteinander wie in einem guten Team. Ich esse ruhig und genußvoll. Ärger und Nervosität fallen von mir ab. Meine wachsende Entspannung wirkt sich auch auf meine Verdauung aus. Ich erkenne mich als einen ausgeglichenen und gesunden Menschen, dessen Verdauung hervorragend funktioniert. Gerne streiche ich mir über meinen Bauch, denn ich fühle mich wohl. Das Bild von mir als einem Menschen mit guter Verdauung verankert sich tief in meinem Unterbewußtsein.

## Altersprobleme (Frau)

Ich erkenne mich als einen ruhigen und ausgeglichenen Menschen. Ich fühle mich wohl als Frau und ich stehe zu mir. Ich akzeptiere mich so, wie ich bin. Deshalb schaue ich auch gerne in den Spiegel. Ich liebe mich und lächle mir zu. Mein Lächeln ist wie eine hilfreiche Medizin. Ich weiß, daß das Alter mir Erfahrung und innere Ruhe bringt. Deshalb durchströmt mich eine tiefe Harmonie. Von Tag zu Tag verstärkt sich diese Harmonie. Ich fühle mich wohl und erkenne immer mehr Möglichkeiten, mich zu verwirklichen. Das Bild von mir als einer frohen und ausgeglichenen Frau verankert sich tief in meinen Unterbewußtsein.

## Altern (allgemein)

Ich erkenne mich als einen gelassenen und ausgeglichenen Menschen. Ich bin mit mir und meinem Alter zufrieden. Denn ich weiß, daß die Jahre Erfahrung und Weisheit bedeuten. Aus diesem Wissen heraus spüre ich Kraft und innere Harmonie entstehen. Ich werde von Tag zu Tag zufriedener. Von Tag zu Tag werde ich zufriedener. Meine Zufriedenheit umgibt mich wie einen schützenden Mantel. Das Bild von mir als einem ausgeglichenen und gelassenen Menschen verankert sich tief in meinem Unterbewußtsein.

### Partnerkonflikte

Ich erkenne mich als einen friedlichen und gelassenen Menschen. Gerne gehe ich auf meinen Partner zu und suche das Gespräch. Mit dem festen Willen, Freude zu schenken, widme ich mich meinem Gegenüber. Ich spüre, wie wichtig er mir ist, und bin deshalb offen für seine Vorstellungen. Aus meiner inneren Ausgeglichenheit und Stärke heraus kann ich seinen Gedanken zuhören. Ich weiß, mit seinen Ausführungen umzugehen. Friedlich und gelassen spreche ich meine Gedanken und Gefühle aus und lasse Raum für echte Partnerschaft und starke Gefühle. Ich bin bereit, Freude zu schenken. Das Bild von mir als einem gelassenen und partnerschaftlichen Menschen verankert sich tief in meinem Unterbewußtsein.

## Individuelle Formeln

Wenn Sie Ihr Leben betrachten, dann können Sie es ganz gut getroffen haben und sind in der Lage, auf einige Erfolge zurückzublicken. Sie können in Beruf oder Familie einiges erreicht haben. Entscheidend ist, daß Sie sich wohl fühlen und zu heiterer Gelassenheit gefunden haben. Mißerfolge und äußere Schwierigkeiten können Sie nicht mehr verunsichern. Sie haben innere Ruhe und Stärke aufgebaut und sind allzeit bereit, aus den Situationen des Lebens das Beste zu machen und zu lernen. Was Sie jetzt noch tun können ist, Ihre Erfolgsprogrammierung zu verstärken. Hier sind einige hilfreiche Formulierungsvorschläge:

### Zufriedenheit

**Formeln für Ihre Erfolgsprogrammierung**

Ich erkenne mich als einen heiteren und gelassenen Menschen. Ich bin mit mir zufrieden und ich liebe mich. Meine bejahende Einstellung begleitet mich an jedem Tag. Ich überwinde leicht Unruhe, Mißfallen und Unsicherheiten. Meine innere Stärke wächst von Tag zu Tag. Von Tag zu Tag wächst meine innere Stärke. Ich strahle Selbstvertrauen und Zufriedenheit aus, wie ein großer Ofen Wärme und Behaglichkeit ausstrahlt. Ich bin froh und glücklich, auf dieser Welt zu sein.

Das Bild von mir als einem zufriedenen und heiteren Menschen verankert sich tief in meinem Unterbewußtsein.

## Erfolg

Ich erkenne mich als einen kreativen und erfolgreichen Menschen. Zielstrebig schreite ich voran. Ich meistere alle Schwierigkeiten. Mißerfolge können mich nicht verunsichern, denn ich weiß, was ich kann. Meine positive Einstellung und meine Intuition lassen mich den rechten Weg finden. Wie ein Bergwanderer den Aufstieg zum Gipfel schafft, so werde ich meinen Lebensweg meistern. Froh und glücklich erwarte ich meine Aufgaben. Das Bild von mir als einem Menschen, der sich über Erfolge freut, verankert sich tief in meinem Unterbewußtsein.

## Gesundheit

Ich erkenne mich als heiteren und gelassenen Menschen. Ich fühle mich wohl und ganz gesund. Alle meine Organe arbeiten in rechter Weise. Meine innere Stärke gibt auch meiner Gesundheit Kraft und Stärke. Von Tag zu Tag geht es mir immer besser und besser. Durch meine harmonische Grundhaltung werden auch meine Abwehrkräfte gestärkt. Mein Herz schlägt ruhig und gleichmäßig, und mit jedem Atemzug versorge ich mich kräftig mit Sauerstoff. Von Tag zu Tag verstärken sich meine innere Ruhe und meine Ausgeglichenheit. Ich fühle mich gesund und wohl. Das Bild von mir als einem frohen und vor Gesundheit strotzenden Menschen verankert sich tief in meinem Unterbewußtsein.

## Selbstvertrauen

Ich erkenne mich als heiteren und gelassenen Menschen. Ich bin voller innerer Ruhe und Selbstvertrauen. Meine Sicherheit wächst von Tag zu Tag, denn meine Erfahrung und meine innere Stärke geben mir Kraft und Richtung. Ich weiß, was ich will. Meine Ziele sind klar vor meinem geistigen Auge. Alle Oberflächlichkeiten verschwinden. Mißerfolge können mich nicht verunsichern, denn ich weiß um meine Fähigkeiten. Ich freue mich auf die vielen Aufgaben und Menschen, die auf mich zukommen. Meine Sicherheit und mein Selbstvertrauen geben mir Kraft für jeden Tag und für jede Situation. Ich bin offen und zuversichtlich. Meine Ausstrahlung ist sehr harmonisch. Das Bild von mir als einem gelassenen und selbstbewußten Menschen, der stolz ist auf sich, verankert sich tief in meinem Unterbewußtsein.

Wenn Sie nun das Buch bis hierher verfolgt haben, dann wissen Sie sehr genau, was Sie für sich tun können oder sogar müssen. Ihr persönliches Erfolgsprogramm kann also ganz individuell von Ihnen zusammengestellt werden. Bedenken Sie die positive Prägung Ihres Textes. Sie können sich helfen, mit den Schwierigkeiten des Alltags und den persönlichen Hindernissen auf dem Weg zur Mitte fertig zu werden. Viele negative Situationen spielen sich nur in unserem Kopf ab und unsere eigenen Gedanken sind für unsere negativen Prägungen verantwortlich. Deshalb gibt es für das persönliche Erfolgsprogramm nur immer wieder den Hinweis auf die Kraft und Stärke positiver Gedanken, die den negativen und fehlgeleiteten entgegengesetzt werden müssen. Sie haben es in der Hand, sich Ihr Programm so zusammenzustellen, daß es wirkt und daß daraus für Sie ein Gewinn resultiert. Der Weg zu mehr Selbstvertrauen und zu Selbstverwirklichung steht Ihnen offen. Sie müssen ihn nur gehen.

Wenn Sie von sich glauben, zu dick oder zu häßlich zu sein, wie wollen Sie einen schönen Tag haben? Es ist nicht Ihre Figur oder Ihr Gesicht, das Kritik verdient. Es ist Ihre Einstellung, die optimiert werden muß. Wie wollen Sie geliebt werden, wenn Sie sich selbst nicht lieben? Ihr nächstes Ziel muß es sein, mit sich besser umzugehen. Seien Sie nett zu sich, nehmen Sie sich so an, wie Sie sind. Verändern Sie Ihre Einstellung zu sich. Programmieren Sie sich darauf, sich zu lieben und besser mit sich umzugehen.

# Nachgedanken

Wenn Sie in diesem Buch bis hier gekommen sind und alles aufmerksam gelesen und erarbeitet haben, kann Ihr Alltag nicht mehr der sein, der er vor der Lektüre war. Sie haben sich auf den Weg zu Ihrer Mitte begeben. Mit einer bejahenden Lebenseinstellung wollen Sie zu Selbstverwirklichung, Glück und Erfüllung finden. Selbstverständlich sind Sie auf der Welt zum Arbeiten und zum Lernen. Bei all dem Sollen und Müssen dürfen Sie aber bewußt fröhlich sein und sich Ihres Lebens erfreuen. Sie haben jederzeit das Recht und die Chance, in innerer und äußerer Harmonie das Hier und Jetzt zu genießen.

**Hauptmerkmale eines geordneten Geistes sind nach meiner Ansicht Beharrungsvermögen und die Fähigkeit zum Umgang mit sich selbst.**
*Lucius Annaeus Seneca*

Sie haben also täglich die Gelegenheit zum Durchbruch. An Ihnen allein liegt es, was Sie aus jedem neuen Tag machen. Sie können gleich heute beginnen, Ihre Chancen zu nutzen. Auch wenn es Schwierigkeiten, Hemmnisse und den »feindlichen« Alltag gibt, haben Sie es immer wieder in der Hand, ein positiver und ausgeglichener Mensch zu werden.

Ihre Stärke ist die positive Einstellung. Sie umgibt Sie wie ein schützender Panzer. An ihm prallen alle Pfeile des Negativen ab. Mit diesem Rüstzeug können Sie alle Situationen des Lebens meistern. Sie leben schlichtweg in der Realität und nehmen die Polarität des Alltags an. Nur haben Sie die Möglichkeit erkannt, damit umzugehen. Sie können die »Neins« sammeln und in »Jas« umsetzen.

Nehmen Sie Ihren Höhlenmenschen fest an der Hand, denn Sie nutzen die Möglichkeiten der bewußten Beeinflussung. Lassen Sie aber auch immer wieder und ausreichend die »Seele baumeln«. Nur mit einem »entkrampften« Unterbewußtsein kann eine gezielte Beeinflussung erfolgreich entwickelt werden.

> **Man muß der Seele etwas zuliebe tun und ihr bisweilen Muße geben, die Ihr als Nahrung und Stärkung dienen soll. Auch auf Spaziergängen im Freien muß man umherschweifen, damit der Geist unter freiem Himmel und in der freien Luft sich stärke und erhebe.**
>
> *Lucius Annaeus Seneca*

Zugleich haben Sie hoffentlich immer öfter die Weisheit, etwas geschehen zu lassen. Intuition hilft. Entscheidungen und Konsequenzen ergeben sich zwangsläufig. Sie verstehen nicht immer, warum sich etwas ergibt. Aber Sie haben die innere Ruhe, abzuwarten und mit dem Ergebnis zu leben. Wenn es Ihnen gelingt, aus einer steten Haltung innerer Harmonie und Stärke zu leben, wird die »innere Stimme« für Sie »hörbar« und wichtig. Es gibt in Ihrem Leben fortan keine Situation, der Sie nicht mehr gewachsen sind.

> **Freude läßt Dein Herz schnell schlagen**
> **dieser Augenblick ist schön.**
> **Du tust kaum zu atmen wagen,**
> **könnt er doch zu rasch vergehn!**
>
> *Detlev Geiger*

Jeder Tag ist ein Geschenk! »Heute ist ein schöner Tag. Ich freuen mich, daß ich lebe!« Eine bejahende Grundeinstellung prägt Sie und Ihr Handeln. Sie sind fest entschlossen, mit einer positiven Motivation in jeden neuen Tag zu gehen. Aus einer inneren Unabhängigkeit und Harmonie heraus fällt es Ihnen leicht, sich dem Alltag und der Umgebung zu stellen. Sie wissen mit jeder Situation umzugehen. Sie sind einfach auf dem richtigen Weg!

# Literatur

U. Beer: Optimisten leben länger.
Ariston Verlag

G. Eberlein: Gesund durch Autogenes Training.
Econ-Verlag

K. Ebert: Die Alpha-Entspannungsmethode,
Econ Taschenbuch Verlag

M. Engelbrecht-Greve: Streßverhalten ändern lernen.
rororo

S. Freud: Darstellungen der Psychoanalyse.
Fischer Bücherei

T. Harris: I'm ok-You 're ok.
Harper & Row, New York

C.-H. Hempen: Die Medizin der Chinesen.
Goldmann

N. Humphrey: Die Naturgeschichte des Ich.
Hoffmann und Campe

R. Lay: Meditationstechnik für Manager.
Ullstein Sachbuch

I. Marks: Ängste verstehen und bewältigen.
Springer Berlin

A. Maslow: Psychologie des Seins.
Kindler Verlag

J. Murphy: Die Macht Ihres Unterbewußtseins.
Ariston Verlag

N. Peseschkian: Auf der Suche nach Sinn.
Fischer Taschenbuch Verlag

E. Puntsch: Das neue Zitaten-Handbuch.
Weltbild Verlag

S. Schenkel: Mut zum Erfolg.
Campus Verlag

F. Schulz von Thun. Miteinander reden.
rororo

O. Schellbach: Mein Erfolgs-System.
Hermann Bauer Verlag

# Personenregister

# Sachregister